CONGMING MAMA DE GUSHI JIAOYANGFA

聪明妈妈的
故事教养法

CONGMING MAMA
DE GUSHI
JIAOYANGFA

燕子
著

江西人民出版社
Jiangxi People's Publishing House
全国百佳出版社

图书在版编目（CIP）数据

聪明妈妈的故事教养法 / 燕子著. -- 南昌：江西
人民出版社，2019.10
　　ISBN 978-7-210-11662-2

　Ⅰ.①聪… Ⅱ.①燕… Ⅲ.①儿童教育－家庭教育
Ⅳ.①G78

中国版本图书馆CIP数据核字(2019)第221394号

聪明妈妈的故事教养法

燕子 / 著

责任编辑 / 冯雪松　韦祖建

出版发行 / 江西人民出版社

印刷 / 凯德印刷(天津)有限公司

版次 / 2019年10月第1版

2019年10月第1次印刷

880毫米×1230毫米　1/32　6印张

字数 / 80千字

ISBN 978-7-210-11662-2

定价 / 42.00元

赣版权登字-01-2019-530

如有质量问题，请寄回印厂调换。联系电话:022-29644128

　　孩子是父母的希望，每一位父母都渴望自己的孩子能够成人成才。因此，在教养孩子的过程中无不尽心尽力。然而，大多数父母都没有正确的方法，只是一味地说教。然而，这样做并没有获得什么效果。

　　因此，我们有必要寻找更加有效的教育方式，故事教养法就是值得广大父母们学习的一种。著名儿童文学家冰心曾说："讲故事是孩子最喜闻乐见的，也是孩子最容易接受的一种教育形式。"的确，与听父母的训诫相比，任何一个孩子都更喜欢听故事。

　　为什么故事对孩子会如此有效呢？

　　心理学研究表明，孩子对外界事物的认识是感性的。在孩子的眼里，故事中美丽善良的人物都是和自己生活在一起的，大自然中的一草一木都是有真情实感的生灵。好故事可以让孩子从中获得智慧、体验美好。

　　另一方面，每一个优秀的故事都有一定的内涵和教育意义。孩子在倾听故事时所表现出的喜、怒、哀、乐，便是与故事本身的内涵相互沟通、情感交融、产生共鸣的结果。优秀的故事总能让孩子百听不厌，让孩子在倾听中获得新的发现、新的认识。

我们本着给父母呈现全新的故事教养法的目的编撰了本书，旨在通过讲故事的方式来引导孩子，同时告诉父母如何用故事来启迪孩子的心灵。让父母明白故事不仅可以有效地影响孩子的品格、性格、习惯，还可以引导孩子学会面对挫折，变得善于交际，更爱学习。孩子在故事的陪伴下，更能健康快乐地度过美好的童年。

本书经过精心的策划和编排，在内容和形式上有如下特点。

◎案例、故事形象生动

本书每一小节先通过生活场景的再现，抛出孩子日常生活中存在的不良行为，然后分析原因，接着告诉父母如何通过故事引导孩子改变自己的不良行为。生活场景的案例和之后的故事部分，都形象生动地给父母展现了孩子存在的问题和引导孩子的具体方法。

◎板块丰富，内容设置新颖

本书不像一般的故事书那样采用"故事+说理"的模式，而是设置了丰富的版块。既有生活场景案例和形象生动的故事，又有具体的引导方法，最后还附上了教养小贴士，告诉父母一些教养的金点子、新观点！

没有故事的童年是暗淡的，孩子的成长离不开故事。故事教养法不仅能够改变孩子的不良行为，还可以促进孩子的想象力、创造力，对孩子心智的全面健康发展起到巨大的促进作用。如果你还在为教育孩子而苦恼，故事教养法或许是你值得一试的方法。赶紧行动起来，用故事来引导孩子吧！

第一章

故事是启迪孩子心灵的一剂良方

⬇

　　故事能够潜移默化地影响孩子的品德和行为，使孩子从中受到教育，感知真、善、美，可以说是启迪孩子心灵的一剂良方。父母如果善于应用故事教育孩子，就能够培养和树立孩子良好的品德和行为习惯，让孩子的内心世界得到美好的熏陶。

讲故事，人人都在用的教育方法

家庭是孩子的第一场所，父母是孩子的第一任教师。孩子能否有一个美好的未来，很大程度上取决于父母的教育。然而，有关调查显示，有2/3的父母没有做好对孩子的教育规划，找不到正确教育孩子的方法。

比如，很多父母往往把注意力集中在孩子的学习上，却忽视了孩子品格方面的教育，尤其是只会用说教来教育孩子，而忽视故事教育的重要性。

小时候，我们都很喜欢听故事，也听过许许多多的故事，而且经常被故事中的内容打动。故事带给我们无限美好的遐想，启迪我们的智慧，并教会我们做人的道理。可以说，一个好的故事具有强烈的吸引力和感染力，孩子爱听，也容易产生思想共鸣，故事就是这样达到"润物细无声"的教育效果的。

然而，当下的教育过于强调灌输和说教，强调用父母的权威去说服孩子，这种方式难以触动孩子的心灵，是应该摒弃的。如果能用故事教育孩子，就会起到不一样的效果。

教育家陈鹤琴认为：故事是孩子的一种重要的精神食粮，故事对孩子的情感有滋润作用；故事情节能满足孩子的好奇心，能激起孩子的想象力，符合孩子的认知规律。

著名儿童文学作家冰心也说："讲故事是孩子最喜闻乐见，也是孩子最容易接受的一种教育形式。故事对孩子有一种普遍的吸引力，在孩子的成长中有着举足轻重的作用。孩子的成长也离不开故事，或有趣或生动或富有哲理的故事不仅能带给孩子快乐，更重要的是，它是一种很重要的学习方式，给孩子以智慧与启迪，故事可以陪伴孩子快乐地成长。"

其实，不仅国内的很多教育家、名人推荐故事教育，在国外故事教育也很流行：

苏联最著名的教育家苏霍姆林斯基把故事教育法作为引导学生的重要方法之一，收到了良好的效果。有一次，苏霍姆林斯基所带的学生准备去野营。一个自傲的小男孩因没有人和他组队而哭泣。苏霍姆林斯基就给男孩讲了一个"菊花和葱头"的故事，从此男孩就不再自傲了，同学也愿意跟他玩了。可见，讲一堆大道理，不如说一个小故事有效。

故事教育法在芬兰这个被公认为教育水平全球第一的国家有着广泛应用。在芬兰，父母每天都会给孩子讲故事；在学校，老师也会每天给孩子讲故事。这种教育方法还被列入《芬兰一百个社会创新》中。

英国则做了一项由政府资助的研究，他们对8000多名5岁儿童在学校学习一年后的认知能力进行了测试。结果显示，经常听故事的孩子比很少听故事的孩子长大后行为出现问题的可能性低，尤其是在婴儿时期就开始听故事的孩子，其认知和学习能力都比其他孩子高。

日本最新一项研究显示：经常给孩子讲故事，不仅可以促进亲子交流，还可以促进孩子的大脑发育。孩子的大脑边缘系统主要掌管人类喜、怒、哀、乐等各种情绪，而孩子在听故事的时候，这个系统就会活跃起来。

可见，故事教育是孩子教育中的重要内容，故事是语言的载体，是思想的载体，是智慧的载体，故事教育法是全球都在用的最有效的教育方法之一。讲故事的力量就是这么神奇，一个小故事胜过很多大道理。父母学会了讲故事，就意味着成了孩子的"教育家"。

父母给孩子讲故事，还是一种有效的亲子交流方式。讲故事除了教给孩子道理之外，还无形中加深了双方的感情。

请让你们的孩子在故事中自由翱翔吧，这样他们就能够快乐、茁壮地成长。

故事带给孩子的神奇力量

哲学家爱尔维修说过："人刚生下来都一样，仅仅由于环境和教育的不同，有人成为天才，有人则变成凡夫俗子甚至蠢材，即使再普通的孩子，只要教育方法得当，也会成为不平凡的人。"的确，每个孩子都有可能成为天才，而是否能真的成为天才则要取决于父母的教育。

故事教育是给予孩子最好的礼物，故事通常寄托着社会和时代对孩子的美好期待。它与教育有着天然的联系，故事常常影响着孩子的道德认知和道德行为，孩子总是能够从故事中汲取能量，这足以说明故事对孩子的重要性。

故事伴随着每个孩子的成长，在故事中孩子能够认识各种各样的人，并由此产生联想，在故事中想象自己的未来，建构自己美好的生活图景，他们还常常把故事移情到自己的生活当中。他们在不断阅读、倾听、理解、讲述故事的过程中，逐渐地丰富、完善自己的生活。

可见，在孩子的教育中，讲好一则故事比给孩子上一百堂课更重要，或者说一位优秀的故事讲述者，强过一万个空洞的说教者。作为父母，我们就是要成为这样的人。故事既然如此重要，那么究竟对孩子有什么好处呢？主要有以下几点。

1. 强化孩子的记忆

每一个故事都包括起因、经过和结果。这也就给了孩子一种悬念，让孩子有兴趣去了解其中的来龙去脉。通过讲故事，能很好地抓住孩子的好奇心，孩子有了浓厚的兴趣，整个故事也就记得更牢，如果能够将知识点和道理穿插到有趣的故事情节中，孩子不但学习的兴趣会提高，还会把知识记得更加牢固。

2. 培养孩子的好习惯

我国著名的教育家叶圣陶说："教育就是培养习惯。"培根也强调："习惯真是一种顽强而巨大的力量，它可以主宰人生！"可见习惯对一个人的重要性。好习惯是成就孩子美好未来的捷径，能让孩子在不知不觉中健康成长；坏习惯则像身上携带的病毒一样，日积月累，总有一天会毁掉整个身躯。故事则能够引导孩子的行为向正确的方向前行。

3. 培养孩子乐观的生活态度

一些具有幽默感、趣味性的童话故事，不仅能让孩子在快乐中学到知识，还能够培养孩子活泼开朗的性格。比如，孩子听了《猪八戒吃西瓜》，会被猪八戒的贪吃、蠢笨、淳朴和天真逗笑，故事中善意的讽刺和诙谐、有趣的语言，对孩子的幽默感和乐观心态有很好的熏陶作用。

4. 培养孩子的好品行

品行会影响孩子一生的命运，决定孩子的未来。给予孩子良好的品行，精心种下一颗美德的种子，孩子就会长成一株参天大树。品德故事能给予孩子正能量的教育，有利于孩子塑造良好的品行。

此外，故事还能优化孩子的性格，提高孩子的情商，让孩子好学上进，开拓孩子的创造思维，鼓励孩子不畏艰难和挫折等。作为父母，要深刻地认识到故事带给孩子的力量。

故事是源于生活而又高于生活的，故事蕴含着生活的真谛，对孩子的发展起着巨大的推动作用。孩子在语言、智力、品德等方面的进步，故事所起到的作用是无法估量的。正如著名教育家苏霍姆林斯基着重指出的那样："童话，形象地讲，是能够吹燃孩子思想和言语火花的清新微风。"不妨让故事吹燃更多孩子思想和言语的火花吧！

好的故事才能启迪孩子的心灵

有研究发现，3~6岁是孩子语言发展的关键期，这个阶段的孩子最喜欢听故事。因此，讲故事应该成为孩子日常教育中不可忽视的一种方式。

故事能将深奥、抽象的道理变得浅显易懂，将枯燥乏味的知识变得生动有趣，是教育孩子的重要手段之一。

然而，由于孩子阅读能力有限，故事教育需要父母来完成。能不能将故事教育的作用发挥到最大，关键在于父母如何做。

一般来说，好的故事才会有好的教育效果，我们可以按照以下标准来为孩子选择故事。

1. 选择孩子喜欢的故事

如果一个故事孩子不喜欢，也就不会认真听，可想而知效果是很小的。选择故事的时候，不妨和孩子一起去童书馆选购。当然，也不能一味地遵循孩子的要求，孩子的辨别能力是有限的，对一些教育意义不大的故事，就应该坚决舍弃。

2. 选情节有趣、有吸引力的故事

一般来说，完整的故事有起因、发展、高潮和结局。故事线索清晰，情节有趣，细节丰富，更能吸引孩子的兴趣。

不过，故事的情节变化要有一定的规律，这样方便孩子进行角色的扮演和故事的表演。如《六个娃娃七个坑》等故事巧设悬念，就能够吸引孩子了解后面的情节。

3. 适当选一些冒险故事

冒险故事也是孩子比较喜欢的，这样的故事有着紧张的情节，而这些紧张的、出乎意料的情节往往是吸引孩子的最好元素，它们能够给孩子足够的兴趣。

不过，这需要根据孩子的年龄做出适当的选择，过于冒险或刺激的故事也是不合适的。

4. 选择积极向上、情感丰富的故事

应该选择赞颂正义、善良、纯真等人类美好品质的故事，比如《大头儿子和小头爸爸》《黑猫警长》等。

此外，一定不要选那些教条式的故事，因为教条式的故事很难深入孩子的内心，容易引起孩子的反感。如果给孩子讲那些教条式的故事，等于又回归到了说教教育方式，故事也就没有意

义了。

除了选择好的故事，合适的时候讲合适的故事也很重要，这样才能对症下药，这就要求父母注意分析孩子当时的心理、情绪等，找出问题所在，然后选择当时需要的故事讲给孩子听。

比如，孩子喜欢的玩具被同伴摔坏了，无论对方怎么道歉，孩子都认为对方是故意的，因而一直不肯谅解。这个时候，我们可以讲一个这样的故事：

有一次，一位年轻的犹太妈妈带着儿子去拜访朋友。在公共汽车上，妈妈被一位背着大包的青年撞了一下。

儿子关切地问："妈妈，您没事吧？"同时，很生气地看了青年一眼，哼了一声。

年轻的妈妈看着儿子，说："叔叔可能并不是故意的，不能这么没礼貌。"这时，放下包裹的青年转过身来连连向她道歉。

儿子有点不好意思了。

如果我们讲这样一个故事给孩子听，孩子也许就会认识到自己的错误，从而选择原谅对方。如果讲的故事不合适，孩子可能只是笑笑，甚至会跟你争辩。

所以，在讲故事的时候一定要进行选择，那些最合适、最有效的故事才能起到引导孩子行为的作用。

最后要注意的是，在选择故事的同时千万不要低估孩子的能力，也不要太高估孩子的能力。孩子对事情的理解能力往往超乎父母的想象。这就要求父母在讲故事的同时注意观察孩子，对孩子的能力有清晰的了解，这样在选择故事的时候就不会感到棘手了。

做会讲故事的父母

故事具有无穷的魅力。当空洞乏味的说教不能激起孩子的兴趣时，机械单调的灌输不能触动孩子的心灵时，不妨讲一个故事。用故事调节与孩子之间紧张的气氛，用故事鼓舞孩子失落的心情，用故事促使孩子进行思考。这样，教育孩子就会变得轻松很多。

给孩子讲故事很重要，如何讲好故事更重要，这就要求父母会讲故事。

然而，我们都不是演讲家，有些父母讲故事时语调生硬、说话不流畅，表情不够丰富，缺乏必要的手势动作，甚至讲到中途就词穷，这一方面是因为讲得少，另一方面是因为没有做好充分的准备。讲故事是可以通过训练提高的，只要父母愿意，每个父母都能成为讲故事的高手。

我们可以从以下几个方面来提升自己讲故事的能力。

1. 适当改编，用自己的话描述

很多父母在讲故事的时候，是按照书本念给孩子听，这难以做到生动和有趣。如果能用自己的话来描述，就会生动许多。甚至可以对故事进行改编，比如删减、增加、改变故事主体，设计故事开头和结尾等。或者是调整语言，改换句式，把书面语改为艺术化的口语，让语言变得浅显、活泼，孩子会更喜欢听。

2. 故事开头要精彩

一个精彩的开头，能够迅速吸引孩子的注意力，激发起孩子倾听的愿望。如果一开头就平淡，孩子就会失去兴趣。那么，如何开好头呢？一般来说，要根据讲故事的内容来进行，可紧扣故事情节内容来设计，我们可以借鉴以下几种方式：

（1）介绍式。适合于节选的故事，或是根据某一个故事续编的故事，也就是先介绍故事的起因，然后把前后连贯起来，让孩子对故事有一个完整的印象。比如：冬天到了，动物们开始准备过冬了，每一种动物都有自己过冬的办法，今天我们就来讲一讲青蛙是怎么过冬的吧！

（2）提问式。每个故事都会有一个主题，我们可以先提一个与主题有关的问题，引起孩子的兴趣和思考。提问时，语调要上扬，停顿时间稍长一点。比如：下雪了，动物们会在地面上踩出怎样的形状呢？

（3）议论式。除了提前对故事情节进行介绍和提问外，议论也是一个很好的方法。让孩子产生兴趣和好奇心，带着争论听下面的故事，孩子会听得更加认真。比如：乌龟和兔子一起赛跑，你认为谁会赢呢？下面就来听一个龟兔赛跑的故事吧。

3. 语言要口语化，语气语调要富于变化

（1）语言要口语化。孩子的语言能力和理解能力都还较低，因此，讲故事要从孩子的实际出发，一切以生活化语言为主。比如，小鸟妈妈为它的孩子们觅食、筑巢，就不如"找食物""盖房子"等口语化的说法易懂。

（2）语气语调要富于变化。为了把故事情节说得生动有趣，我们还要注意语气语调的变化。要处理好语气的轻重、快慢、升降。比如，故事的开头一般语速慢，情节紧张时要注意快慢结合、张弛有度，等等，有时甚至需要故意停顿来增强故事的感染力。

4. 结尾要富含意蕴，起到启蒙作用

每个故事都会有一个结尾，好的结尾富有意蕴，能够让孩子学会思考，起到启发孩子心智的作用。在讲故事的过程中，父母可以使用原故事的结尾，也可以根据故事的内容对原来的结尾进行加工处理，以便取得更好的效果。

故事结尾可以借鉴以下几种方式：

（1）提问式结尾。也就是不直接告诉孩子故事的道理，而是通过提问的方式，启发孩子自己思考故事中的道理。比如，你们知道那只鸟的教训到底是什么吗？

（2）总结性结尾。直接告诉孩子故事的道理，让孩子明白这

种行为是错误的，要从中吸取教训。比如，最后小男孩因为撒谎，狼真的来了也没有人来救他了。

（3）尾声式结尾。故事讲完后，进行一定的情节和结局的扩展，以激起孩子的好奇心理。比如，乌龟赢得了比赛，从此在动物界名声大噪，后来又有很多动物要找它比赛，结果会怎样呢？

父母是给孩子讲故事最合适的人选，他们讲的故事往往孩子最爱听。因此，为了更好地教育自己的孩子，请为孩子多讲故事吧。

积极培养孩子对故事的兴趣

　　大部分孩子对故事都是感兴趣的，但这并不是说孩子对任何故事都感兴趣，甚至有些孩子对故事难以产生兴趣。比如，我们常常会听到有的父母说：我的孩子快3岁了，每当我拿起绘本给他读故事时，他不到半分钟就不耐烦了……

　　为什么孩子会不喜欢听故事呢？

　　其实，每个孩子对事物的兴趣点是不同的，不是所有的孩子都对读出来的故事感兴趣。他们可能听不懂父母所读的故事，或者觉得父母所讲的故事不是自己喜欢的，自然不会感兴趣了。

　　另外，每个孩子接受知识的方式是不同的，我们应该多观察一下孩子喜欢什么样的方式和内容。比如，把故事编成游戏，放一小段与故事有关的动画片，让孩子看故事中的图片等，都能引起孩子的兴趣。

　　可见，故事教育法最关键的是要父母讲得好，即掌握激发孩子听故事的兴趣的方法和技巧。这样，孩子才能在故事中得到启发。通常来讲，我们可以通过以下方法来提升孩子听故事的兴趣。

1. 给孩子一个小小的任务

在讲故事之前，我们可以针对故事的内容，交给孩子一些小任务。比如，让孩子记住故事里讲了哪些人物，他们做了什么，是怎么做的，等等。听完故事之后，让孩子说一说。这样孩子有了任务，在听的过程中注意力就会更加集中。

2. 多用肢体语言，让故事生动起来

生动的故事孩子更爱听，其实，大多数儿童故事都是可以通过肢体动作、言语、道具等表演出来的。如果孩子对平淡的故事没兴趣，我们不妨运用一些手势或者表情来辅助讲故事，这样不仅可以让孩子获得情绪上的愉悦，还可以加深他们对故事的理解和记忆。

3. 给故事配音

与肢体语言作用类似的就是给故事配上合适的声音。比如，故事里常常会有大自然的各种声音，为了让孩子更好地感知事物，体验身临其境的感受，我们可以模仿这些声音，甚至可以让孩子模仿这些声音，让他们也参与到故事中来。

4. 讲的过程中巧设提问

在讲故事的过程中，可以利用故事内容巧妙设置问题，引导孩子进行思考，调动思维的积极性。不过，难度要适中，让孩子在知识和

经验的基础上，能通过思考做出回答。这样的提问方法是调动思维积极性的有效方式，经常利用这种方式，孩子的思维能力会不断增强。

5. 鼓励孩子提问

问题是发展孩子思维的起点，在讲故事的过程中，如果孩子提出问题，父母应对孩子的好问加以鼓励，并引导孩子从故事中找出答案。孩子能够提问说明他在思考，父母一定要抓住这个机会锻炼孩子的思维能力。同时，提问也能让孩子更加全神贯注地沉浸在故事中。

6. 给故事结尾来点悬念

在给孩子讲故事的过程中，我们可以选择一些比较有悬念的故事，或者在结尾的时候故意设置一些悬念，这样孩子就会追着问"后来怎样了"，然后告诉孩子自己也不知道，那就让我们一起来想象一下吧！这样不仅能锻炼孩子的想象力，还能让孩子对故事更加感兴趣。

兴趣在于培养，无论孩子对故事感不感兴趣，只要父母从小注重引导和培养，就一定会有所收获。父母千万不要因为一时的困难而放弃对孩子的故事教育。对听故事兴趣不大的孩子，不妨借鉴以上几个方法，逐渐让你的孩子爱上听故事吧！

第二章

培养好习惯，离不开好故事的影响

⬇

好习惯使人受益一生，然而，在日常生活中孩子总是存在这样或那样的不良习惯。诸如，饮食上偏食、挑食，卫生上不洗手、乱扔垃圾，作息上晚睡晚起，行为上邋遢、懒惰，等等。为了改变这些行为习惯，父母们往往费尽心思却收效甚微。如果你也面临着这样的问题，不妨通过讲故事的方式来引导孩子养成好习惯。

培养饮食好习惯，杜绝偏食、挑食

厨房里，妈妈丁零咣啷地忙个不停，爸爸和小玲则坐在电视机前看节目。一阵阵的饭菜香飘来，小玲爸爸忍不住诱惑，赶忙跑进了厨房。小玲则若无其事地嚼着手里的饼干，眼睛盯着电视。

不一会儿饭菜就好了，爸爸第一个坐在桌子上吃了起来。妈妈解下围裙，瞥了一眼："你就知道吃，也不知道喊你那宝贝闺女。"

"小玲，关了电视，过来吃饭了。"妈妈喊道。

"我还不想吃，等我看完电视再吃吧！我现在还不饿呢。"小玲不慌不忙地说。

妈妈有些生气了："每次让你吃饭，你都不吃，饿的时候饭菜都凉了，赶紧过来。"

小玲只好无奈地坐到了餐桌前，面对一桌子的饭菜却一点儿食欲都没有，这个不想吃，那个也不想吃，磨磨蹭蹭地吃了老半天。爸爸妈妈见了，只好无奈地摇摇头。

吃饭不规律、挑食、偏食是6岁以下孩子普遍存在的一个问题。案例中的小玲到了该吃饭的时候却没有食欲，很可能是因为平时零食吃得太多，或者是没有自己喜欢吃的饭菜。其实，对于孩子吃饭不规律、偏食、挑食这样头疼的问题，我们可以从以下三个步骤来改善。

1. 寻找原因

孩子吃饭不规律、偏食、挑食，一方面有孩子自身的因素，另一方面父母也有责任。总的归纳起来，有以下几点：

（1）经常零食不离嘴，使得胃长时间处于饱腹的状态，尤其是饮料、雪糕、巧克力等高热量的零食，会使血糖总是处于较高水平而不觉得饥饿。

（2）身体不适，或饭菜不可口。当孩子身体不舒服，或者父母做的饭菜不合孩子的口味时，也会影响孩子的食欲。

（3）引导方式不当。父母过于关注孩子的进食，会使孩子产生逆反心理，对吃饭更加反感。父母应当放宽心，给予孩子轻松的进食环境。

2. 好故事的影响力

像小玲这样不爱吃饭的孩子，父母们可以尝试着通过讲故事来循序渐进地进行引导。下面我们来看一位妈妈是如何用故事引导孩子好好吃饭的。

给女儿讲故事——挑食的小贝妮

我的女儿佳佳，刚满3岁，很惹人喜爱，可是每到吃饭时就不好好吃。为此，我很苦恼，幸好后来，我琢磨出了一个有效的方法——故事引导法。

于是，在饭桌上，我对不好好吃饭的女儿讲起了故事：

"有一个小朋友，叫贝妮，她什么都好，就是不好好吃饭……"当我说出这句话的时候，女儿佳佳瞪大了眼睛看着我。

我知道女儿来了兴趣，于是接着讲："有一天晚上，妈妈炒了胡萝卜。

贝妮看见了，嘟着小嘴说：'胡萝卜不好吃，我不吃！'这时，小白兔看见了，开心地说：'胡萝卜，营养高，吃了眼睛变得亮晶晶。'"

我一边耐心地劝导佳佳吃饭，一边模仿小白兔可爱的动作，并夹起盘子里的胡萝卜吃起来。

佳佳被我的举动逗乐了，于是也学着夹起胡萝卜吃起来，虽然没吃几口就不吃了。

我微笑着继续讲："这一天晚上，妈妈还炖了排骨，贝妮看到了，又嘟起了小嘴说：'骨头咬不动，我不吃！'小狗看到了，开心地说：'骨头里面钙质多，吃了能长高。'"

佳佳听得很认真。

我接着说："小白兔、小狗都吃得饱饱的，它们都长得又高又壮！只有不爱吃饭的小贝妮长得又瘦又小。佳佳可不要学小贝妮呀！"

佳佳认真地点了点头。

在之后的成长过程中，佳佳在妈妈不断的引导下，开始尝试吃自己不喜欢的食物。通过长时间的故事熏陶，在吃饭问题上，佳佳逐渐改掉了以前的不良习惯。这很大程度上归功于正确的故事教育方法。

3. 以身作则

模仿是孩子的天性，孩子生活中的各种习惯都会受到父母的影响。如果家里有不好好吃饭的孩子，请父母们不要忽视自己的行为。在讲故事引导孩子的同时，父母也要以身作则，给孩子树立榜样，营造一个良好的餐桌环境。

为什么很多时候与孩子沟通会无效呢？孩子不吃饭时，父母总是苦口婆心地告诫说，要好好吃饭，才能长身体，才不会生病。其实，孩子听了也不太明白它们之间有什么关系。因此，如果你能编个可爱的小故事，让孩子身临其境，效果一定会比说教好很多。

学会整理，别让邋遢毁了孩子

小丫的妈妈一提到女儿就摇头叹息："每次进小丫的房间，书桌上总是乱七八糟的，堆满了各种各样的图画书、玩具、零食等。"

为此，妈妈说了很多次，可是小丫就是改不了。

有一次，小丫吃过晚饭，就去写作业了。只见小丫把满桌的东西往桌子的两边推了推，整理出一块干净的桌面，趴在桌子上就写了起来。

写着写着，小丫发现自己写错了，于是找起橡皮来。在桌子上翻来翻去，就是没找到橡皮。于是喊："妈妈，快来帮我找橡皮，橡皮不知道哪儿去了。"

妈妈进来后，一脸不悦地说："你看你的桌子乱成啥样了，也不知道收拾一下，难怪你会找不着，这么邋遢可不是一个好孩子的样子哦！"

"就知道说我，大厅里也很乱啊，妈妈，您怎么不去收拾一下？"小丫反驳道。

妈妈听后，一时不知道说什么了。

➡ 小故事·说道理

从外在表现可以看出孩子的内在，更可以看出父母的教养。孩子行为习惯的养成深受父母的影响，如果父母日常就很邋遢，那么孩子是无法学会整洁的。案例中的小丫之所以邋遢，与家庭环境有一定的关系，因此，在纠正孩子邋遢行为的时候，一定要以身作则。

那么，是不是父母不邋遢，孩子就一定爱整洁了呢？答案是否定的，孩子邋遢除了受父母的影响之外，还有可能是因为父母忽视了对孩子这方面的培养，或是孩子受周围同学、玩伴的影响等。

不管是什么原因，父母都要及时对孩子的邋遢行为进行纠正。如果直接说教难以奏效，我们可以多给孩子讲讲身边的一些良好习惯的故事，熏陶孩子认识自己的不良习惯，进而改变自己的行为。

比如，可以给孩子讲邋遢大王的故事。

邋遢大王

从前有一个小男孩，大家都叫他邋遢大王。他很不讲卫生，乱扔垃圾，捡到脏东西也照吃不误。

有一次，他在树林里走着，突然口渴了，这时他正好发现地上有一瓶水。二话不说，拿起来就喝，也不管脏不脏。小男孩喝完之后，立马变得只有老鼠那么大了。

原来，这是老鼠王国为了称霸地球，征服人类，在小男孩喝的水里下了药，目的就是让他变小，然后抓起来研究，以此找到对付人类的方法。

小男孩知道情况后，决心逃出老鼠王国，把这件事情告诉给地面上的人们。于是，他找到善良的小白鼠帮忙，快要成功的时候却被发现了，结果，他没能逃脱，可怜的小白鼠也被推下了深谷。

后来，鼠国公主要出嫁。公主想要把自己的婚礼操办得像人间的一样，于是找来邋遢大王帮忙。邋遢大王灵机一动，想了一个妙招，他巧妙地用爆竹替代礼花，把老鼠王国炸塌了。

就这样，他趁着混乱，拿着解药逃了出去。出来后的邋遢大王尝到了邋遢的苦果，从此再也不邋遢了，他决心要做一个爱干净、爱整洁的好孩子。

当面对孩子邋遢的时候，一味地责备是很难起到作用的。如果能够把责备换成孩子爱听的故事，那么，孩子就有可能在受到故事的影响后，有意识地去改变自己。总之，多给孩子讲讲类似的故事会比训话有效果得多。当然，在讲故事的同时，也需要采取一些具体的措施。

1. 教孩子学会收纳

收纳是一种良好的习惯，必须从小建立孩子整理物品的意识。

当孩子把东西放得乱七八糟的时候，妈妈应该帮助孩子整理，并告诉孩子具体的整理方法，以此影响孩子的行为。不过，这个过程是漫长的，需要慢慢地熏陶。

2. 每周和孩子一起清扫

周末的时候，可以和孩子一起进行清扫活动。比如收拾杂物、把脏衣服放进洗衣篮、整理床铺、用吸尘器清洁房间等。通过实际行动影响孩子，并培养其爱收拾的好习惯。

3. 对孩子的邋遢进行惩罚

如果屡次提醒孩子都没有效果，那么，父母应该及时进行适当的惩罚。比如收拾好玩具才能出去玩，整理好桌面才能看电视，等等。这样的措施能促进孩子更有压力或者动力去改变自己的邋遢行为。

教养·小贴士

故事有着让孩子无法拒绝的魔力，好的故事能够给孩子好的影响，但故事并不是万能的，它只是教育孩子的一种方法。父母不能指望讲一个故事，就能轻易地改变孩子的行为。我们还必须配合日常生活中的一些具体措施，双管齐下，才能更好地改变孩子邋遢的行为。

告别溺爱，培养孩子爱劳动的好习惯

➡ 生活小场景

萱萱是家里的独生女，平时很受爷爷奶奶的宠爱，过着衣来伸手，饭来张口的生活。因此，她养成了不爱劳动的习惯。妈妈对此很不满，每次让她干点活，她总是噘着嘴，十分不情愿。

在学校也是如此，一上劳动课，萱萱总是有很多借口，不是装肚子疼就是跑得不见人影。老师也拿她没办法，为此，还向萱萱的父母反映了情况。

为了改变萱萱不爱劳动的习惯，妈妈经常巧借一些真实的故事试图影响她。

有一次，在公园玩的时候，一个小朋友拄着拐杖在给路边的小树浇水。萱萱觉得很奇怪，就问："妈妈，那个小朋友为什么拄着拐杖干活啊？"妈妈灵机一动，说："那个小朋友热爱劳动啊，虽然腿受伤了，还是很快乐地在给小树浇水，你是不是要向他学习呢？"

萱萱听了，一副若有所思的样子。后来，萱萱真的开始帮忙做一些家务了。

　　教育家苏霍姆林斯基说过："一个孩子为了浇花，开始提了一小桶水，接着他又提第二桶、第三桶、第四桶，结果，他累得满头大汗。这时，你不必担心，因为对他来说，这其实是世界上任何一种别的喜悦都不能够比拟的真正喜悦。在这种辛勤的劳动中，孩子不仅可以了解到世界，还可以了解到他自己。"

　　的确，劳动能够带来很多快乐。劳动是孩子全面发展的有效手段，它能够增强体质、培养意志。从小培养孩子爱劳动的好习惯是父母义不容辞的责任。然而，当下很多孩子不爱劳动、不会劳动、不珍惜劳动成果。其实，这是有原因的，最主要的就是缺乏培养。

　　生活中，像萱萱这样养尊处优的孩子为数不少，这主要是因为父母什么都替孩子做。如果孩子已经养成了不爱劳动的习惯，父母也不必担忧。只要抓住机会，给孩子讲一些与劳动有关的故事，给孩子树立榜样，时间一长，孩子就会在不知不觉中受到影响。以下是一则关于劳动的故事，不妨讲给孩子听听吧！

懒惰的小男孩

　　有一个小男孩，特别懒惰，每次妈妈叫他帮忙做家务，他总是很烦躁。

　　有一次，他梦见了一位天使，便对天使说："我多么希望能够去一个不用劳动的地方啊！"

天使听了，就把他带到了一间雪白的房子里。接着，天使说："你如果能住在这里，就再也不用劳动了。"

男孩听了，很欣喜，于是就住了下来，每天吃了睡，睡了吃。渐渐地，男孩感到十分无聊，因为除了吃和睡，他哪里也去不了。

他开始向天使抱怨："能不能给我一点儿事情做做。"天使的回答是："这里没有任何事情可做。"男孩开始烦躁起来，哭闹着要回去，可天使却走了。

正当他急得大哭的时候，突然醒来了，一睁眼才知道自己做的是梦。从此以后，男孩再也不讨厌劳动了，而是把能劳动当作是一件幸福的事。

孩子总是很容易受到他人的影响，别人怎么做，他可能就会跟着做。虽然只是一个简单的故事，但其中人物的行为很可能会对孩子产生潜移默化的影响。因此，用故事来说服孩子也是教育中不可或缺的有效方法之一。

与此同时，父母在引导孩子爱劳动时，也要注意以下一些问题。

1. 不要给孩子灌输不良的观念

有些父母不经意间对劳动持着鄙视的态度。比如，日常生活中，经常对孩子说"如果你不好好读书，就只能去做苦力"等，这样的观念会让孩子觉得劳动是低下的，十分不妥，父母应该给孩子灌输"劳动最光荣"的观念。

2. 多给孩子机会，放手让孩子去做

作为父母，不要认为孩子还小，怕他们做不好，就不让他们劳动。其实，孩子的好奇心是很强的，看到父母劳动，他们也会忍不住想尝试。因此，正确引导孩子，多给孩子一些尝试的机会，日积月累，就能培养孩子劳动的热情，从而让孩子真正爱上劳动。

狄更斯曾说："如果一个人没有在汗水里煎熬过，没有在劳乏中承受过，他就永远是一个心智苍白的孤魂，他的父母将永不会收获一个筋骨刚健又对家人有庇护、有承担的儿子。"的确，劳动是孩子成长中必不可少的一项训练，它让孩子更加珍惜生活，懂得感恩父母的付出。为了孩子的未来，请努力培养他爱劳动的习惯吧！

教养小贴士

对于不爱劳动的孩子，很多父母的做法是强迫孩子去做。其实，这样的做法只会加重孩子的叛逆心理，并不能真正解决问题。我们应该动之以情，晓之以理，让孩子主动去做，而不是用权威去"压制"孩子，只有让孩子真正懂得了劳动，他们才会勤劳起来。

不做脏孩子，让孩子养成良好的卫生习惯

昊昊今年刚好3岁，是一个贪玩的孩子，平时很不注重卫生，为此爸爸妈妈很烦恼。

有一次，昊昊在客厅里玩玩具，一边玩，一边拿起桌上的葡萄就吃。妈妈看见了，呵斥道："昊昊，没洗手不能吃葡萄，怎么这么不讲卫生呢？"

昊昊就像没听见似的，继续玩玩具。这可把妈妈气坏了。

不仅如此，不管是在外玩耍还是吃饭前，昊昊都不爱洗手。即便在妈妈的强制下也是随便一冲，敷衍了事。

不管是采用哄的办法，还是吼骂的方式，都没能让昊昊养成勤洗手的好习惯。

➡ 小故事·说道理

孩子都有着很强的好奇心，他们贪玩，喜欢到处摸摸碰碰，但是又经常不洗手，尤其是喜欢用脏手拿东西吃，一叫他们洗手就开

跑……这让父母很头疼。

我们都知道病从口入，不爱洗手的孩子很容易生病，对孩子的健康也非常不利。掌握正确的洗手方法、养成洗手习惯十分重要。父母们反复跟孩子强调，饭前便后要洗手，户外活动回来后要洗手，画完图画要洗手……

然而，一切的嘱咐，在孩子遇到好吃的、好玩的时就会瞬间忘记，或者撒谎说洗过了，或者随便冲一下。这时父母们总是很烦恼，为什么孩子就是不听呢？

其实，孩子不爱洗手是正常的，一方面是孩子没有卫生观念，对细菌、病毒之类的没有概念；另一方面是孩子的自控能力差，一旦受到其他东西的诱惑，就来不及洗手。

那么，孩子不爱洗手有什么更好的办法呢？

如果你还在烦恼，不妨和孩子多一些亲子阅读的时间，试试故事的影响力吧！众所周知，孩子都爱听故事，他们会把自己想象成故事里的主人公，或者把书中的主人公当作自己的榜样，向他们学习。

日常一些有关爱卫生的科普读物或绘本就很适合讲给孩子听，比如，全球洗手日5周年特别出版的《小手历险记》，目的就是让孩子在听故事的过程中懂得洗手的重要性。书中的故事以小手去找胖香皂为线索，记述了小手一天的旅程。父母可以用轻松的语气向孩子描述小手见到胖香皂洗手后的快乐。

此外，父母们还可以给孩子讲述《不洗手的猴子》的故事。

不洗手的猴子

在动物幼儿园里，有各种各样的小动物。他们开开心心地在一起玩耍。其中小猴子同学不讲卫生，每次吃饭都不洗手，幼儿园的其他小朋友都很讨厌他。

每到中午吃饭的时候，其他小朋友都排好队，一个个洗干净小手。只有小猴子不洗手，吃饭的时候，还总是喜欢在其他小朋友的碗里抓来抓去。

小兔子急得哭了起来：呜呜……呜呜……其他小朋友也跟着哭闹起来。

这时候，山羊老师走了过来，说："小猴子，你天天不洗手，还把小朋友们欺负哭了。你这个不爱干净的捣蛋虫，同学们都不欢迎你，看来应该把你送回家去。"

小猴子说："老师，我只是觉得这样很好玩，没想欺负小朋友啊！"

山羊老师接着说："你不爱干净，别人可爱干净哦，你把脏手伸进小朋友的饭碗里，大家都很讨厌你。"

小猴子听了山羊老师的话，终于认识到了自己的错误，和其他小朋友一同把手洗得干干净净，小兔子和其他小朋友也不再讨厌小猴子了。

故事中，小猴子作为幼儿园的一员，由于不爱洗手，不讲卫生，其他小朋友都不喜欢他。通过这样的对比，告诉孩子不要学小猴子，同时也向孩子传达不讲卫生是不受欢迎的信息。这样一来，孩子就会在意识上认识到自己的错误，从而有改变的可能。

除了讲故事，游戏也能很好地引导孩子爱上洗手。父母可以借助故事，研发出相关的游戏，比如《小手历险记》中，小手和胖香皂是最好的朋友，他们每天相互拥抱，而且小手还要给胖香皂唱两遍《祝你生日快乐》，胖香皂才能安静地睡觉……

在实际生活中，父母可以利用这些故事情节，和孩子玩类似的游戏，比如一起洗手、一起唱歌，洗完手互相闻一闻，等等。这些游戏都能很好地培养孩子讲卫生的习惯，父母们赶紧试一试吧！

教养小贴士

一般来说，正确的洗手方式为：打开水龙头后，先用流动的水冲洗手部，然后用洗手液或儿童香皂均匀涂抹，使手掌、手背、手指、指缝等处都沾满泡沫，接着反复搓揉双手及手腕部，时间不少于30秒，同时要特别注意清洁指甲等部位的污垢。最后冲洗时应双手下垂，指尖向下，以利于手上的泡沫顺着流动的自来水沿手指冲下，直到冲干净为止。

不乱扔垃圾，从小养成孩子的环保意识

张伟已经是一个大班的孩子了，无论在家里还是在学校，他都很听话，但有一个不好的坏习惯——乱扔垃圾。

在幼儿园里，吃饭的时候，张伟不是随地吐菜渣、骨头等，就是将用过的餐巾纸乱扔。每次老师看到了，都提醒他不能乱扔垃圾，可是，下一次张伟又不记得了。为此，老师把情况反馈给了张伟的妈妈。

张伟妈妈对此表示很无奈，因为儿子在家也有同样的表现。

有一次，吃饭的时候，张伟的嘴巴故意不对着饭碗，假装在认真吃饭。其实，这是张伟想把不喜欢吃的菜偷偷弄到桌子底下去。

妈妈知道了儿子的意图，就大肆批评道："吃个饭，你也能弄得一地都是，不想吃就别吃，这么不讲卫生，连老师都批评你了。"

不仅如此，张伟吃零食的时候，包装袋、果壳等也是随手一扔，常常弄得满地都是，妈妈为此很无奈。

生活中，孩子总免不了有乱扔垃圾的行为，尤其是学龄前的孩子，在他们的头脑中还没有讲卫生的观念，这就需要父母对他们进行教育了。3~6岁是孩子养成良好行为习惯的关键时期，这个阶段如果父母不严格要求，或是没有与学校教育协调一致，孩子乱扔垃圾的行为就难以得到改正。

案例中的张伟正处于养成良好行为习惯的关键时期，父母应该意识到，必须及时改正孩子的这种不良行为。让孩子养成不乱扔垃圾的习惯，不仅有助于培养孩子初步的环保意识，还有助于孩子素质的提升。

那么，如何才能让孩子不乱扔垃圾呢？这让大多数父母感到十分棘手，苦口婆心地说了又说，可孩子就是不听。其实，孩子不愿听，与父母的说教方式也有一定的关系。比如，一看见孩子乱扔垃圾不是打就是骂，或者强制给孩子灌输不能乱扔垃圾的观念。

对于孩子来说，他们或许并不知道自己乱扔垃圾有什么不对的地方。面对父母的责骂他们感到很无辜，不但认识不到自己的问题，反而会产生逆反心理。

对此，父母需要放低自己的姿态，用一种孩子乐意接受的方式去教导他们。比如，给孩子讲一个有关讲卫生的故事，与孩子在故事中共同成长。让孩子从心底里认识到原来乱扔垃圾是一种不文明的行为。

以下森林里发生的故事，或许能吸引孩子的兴趣。

琦琦家的"垃圾站"

在美丽的森林里，住着一群可爱的小动物，大家都很讲卫生，从来不乱扔垃圾。然而，小猪琦琦是个例外。

小猪琦琦从学校回来，嘴里还啃着一根玉米，走到家门口时，正好把玉米吃完了，于是，小猪琦琦把玉米棒随手扔在了路边。

此时，小猴子正好从路边走过，看见路边有一根玉米棒，于是随手把香蕉皮扔在了玉米棒的旁边。心想：别人可以把垃圾扔在这里，我应该也可以。

天快黑了，小兔子急匆匆地往回赶，路过小猪的家，不料一不小心踩在了玉米棒上，狠狠地摔了一跤。小兔子站起来后，十分生气，心想肯定是小猪琦琦扔的。

于是，小兔子回到家，写了一块牌子——"垃圾站"，然后把它插在了小猪家的旁边——扔玉米棒和香蕉皮的地方。

第二天起来，小猪琦琦看见自己家旁边堆满了垃圾，气得跳了起来，直到她看见"垃圾站"那个牌子的时候，她才知道是自己乱扔垃圾造成的。

从此以后，小猪琦琦就再也不乱扔垃圾了。

可爱的小动物总是招孩子喜欢。通过这样一个故事，孩子会更乐意接受或学习小动物的做法，从而改变自己的行为。这就是故事带给孩子的影响，如果有一个会讲故事的父母，那么，在教养孩子的过程中会变得更加轻松。

当然了，父母要以身作则，不要养成乱扔垃圾的恶习，不然孩子就会潜移默化地受到影响。此外，在日常生活中，带孩子外出时，如果看到有人乱扔果皮纸屑，我们也可以借此反面教材来教育孩子，告诉他这种行为是不对的。

相信，只要父母有心，孩子乱扔垃圾的行为就能得到及时地改正。

教养小贴士

让学龄前的孩子学会讲卫生、不乱扔垃圾需要一个过程，父母必须要有足够的耐心。尤其是当孩子主动将垃圾丢进垃圾筒时，父母要及时给予赞扬。一旦孩子受到激励，他们会从意识中认同不乱扔垃圾，不仅自己不乱扔垃圾，看到别人乱扔垃圾时也会去阻拦。

睡前故事，培养孩子规律睡眠的习惯

多多今年4岁了，最令爸爸妈妈头疼的是多多在作息上的不规律，他似乎一直精神十足，不知疲倦。

平时在幼儿园里，每当午睡的时候，其他小朋友都乖乖地去睡觉，只有多多在床上动来动去，就是不愿躺下。老师说他，他就说不想睡觉。实在没办法，老师只能让多多自己玩，但是不准他打扰别的小朋友。

晚上回到家里之后，多多依旧是活力十足，爸爸妈妈累了一天，巴不得早点睡。可是多多却很不情愿去睡觉，总是要爸爸妈妈给自己讲故事、陪自己玩，经常闹到11点多还意犹未尽。为此，把爸爸妈妈折腾得够呛。

早上天还未亮，多多就睁开双眼骨碌骨碌爬起来了，爸爸妈妈多么想再睡一会儿，但是只要多多一醒，几乎就不可能了。

对此，爸爸妈妈很困惑：为什么多多的睡眠会这么不规律，到底是哪里出了问题呢？

➡ **小故事 · 说道理**

　　规律的睡眠不仅有利于节省父母的时间和精力，而且还有利于孩子的健康发展，对大脑起着很重要的作用。但是孩子并不能认识到这些，他们贪玩、活泼、好动，几乎是根据自己的意愿，困了就睡，睡醒了就玩，没有特定的规律。所以，很多时候，我们一时间很难改变孩子一些不良的睡眠习惯。

　　除此之外，孩子睡眠不好与所处的环境，也就是受父母作息规律的影响很大。如今大多数父母都有自己的工作，每天早出晚归，与孩子相处的时间较少。因此晚上就成了快乐的亲子时光，再加上很多父母有晚睡的习惯，孩子的睡眠自然就变得不规律了。

　　对于孩子的睡眠问题，父母首先要从改变自己做起。与其整天为孩子不睡觉而头疼，不如行动起来。晚上少进行一些过于兴奋的活动，早一些入睡。可以在入睡前给孩子讲讲故事，让孩子安静下来，在故事中慢慢地进入梦乡。

冬天里的小熊

　　冬天到了，外面飘起了雪花，小熊一家正躲在洞里冬眠。小熊被洞外的雪景迷住了，说什么也不肯睡觉。对妈妈说："妈妈，我想看看雪花，我不想睡觉！"

　　熊妈妈摸摸小熊的头，说："孩子，外面的雪花虽然很美，但是外面的天气也很寒冷，我们只有在洞里舒舒服服睡觉，才不会受冻。还是不要出去了，不然会生病的！"

"不嘛，不嘛，我就想看看美丽的雪花！"小熊哭闹起来。

熊妈妈只好把小熊搂在怀里，告诉他一会睡着了，你就会在梦里看见雪花了。就这样，熊妈妈哼着歌儿，小熊慢慢地就睡着了……

在梦里，小熊真的站在了外面的雪地里。外面到处白茫茫一片，冰柱从屋顶上垂挂下来，大雪压得枝头吱吱作响，很多雪橇车在雪地里滑来滑去，还有一群孩子在堆雪人、打雪仗……

"哇，原来冬天这么有趣，并没有妈妈说得那么恶劣啊！"小熊想着，喃喃地说："妈妈，我喜欢冬天。"

熊妈妈抚摸着小熊的头，看着他睡得很香的样子，露出了甜蜜的微笑。

睡前故事是当下很流行的一种亲子教育方式，通过讲故事，不仅可以让孩子养成很好的阅读习惯，增长知识，而且对形成规律的作息也很有帮助。一旦孩子喜欢上了这种方式，一到睡觉时间就会自觉上床等着爸爸妈妈给自己讲故事。

如果你的孩子晚上总是活蹦乱跳，不愿入睡，不妨尝试着与孩子一起进行阅读吧！或许故事的魅力会使孩子所有的活跃细胞都安静下来，不知不觉便会养成规律的睡眠习惯。

　　不同年龄阶段的孩子，睡眠规律也是有差别的。3岁前的孩子身体处于快速发育的时期，如果睡眠不规律，极易影响身体的发育；而3~6岁的孩子，如果睡眠不规律，每天深度睡眠少于10小时，那么他们在数学、阅读、专注力和空间感知能力上，就会比正常睡眠的孩子低很多。由此可见，给予孩子足够的睡眠是保证其身心健康发育的基础条件。

第三章

每天一个故事，培养孩子的好性格

性格决定命运，一个好性格可以为孩子的成功奠定基础。生活中，有些孩子爱耍脾气，显得蛮横，有些孩子依赖感强，显得懦弱……这些不良的表现势必影响孩子性格的形成，因此父母必须从小开始引导。故事就能起到很好的熏陶作用。

及时管教耍脾气的孩子

　　3岁的童童是一个极爱发脾气的女孩，一闹起来，爸爸妈妈都对她束手无策，很多时候既不明白是怎么招惹她了，又不知道该如何让她安静下来。

　　有一次，妈妈跟她玩牌，童童输了，就耍起赖来。把扑克牌撒了一地，妈妈给她捡起来，她又接着扔。这一下，把妈妈惹毛了，气势汹汹地说："你再扔，我就把你扔出家去。"

　　没想到，童童更加生气了，大喊大叫，之后"哇"的一声哭了起来。妈妈彻底没辙了，只好缓和语气劝说起来。

　　还有一次，周末妈妈带着童童去逛超市，去的时候说好了不乱买玩具。可是一到超市，童童就被一件玩具吸引了，家里的玩具已经很多了，妈妈坚决不给她买。童童不干了，又拉又扯，还甩胳膊、跺脚，哭个不停，引得一大堆人驻足观看，让妈妈感到很尴尬。

　　对童童这个爱耍脾气的性格，妈妈真是既无奈又着急，可就是没什么好办法。

孩子耍脾气，是一种情绪的发泄。对于孩子来说，由于他们年龄小，一方面不懂得如何控制情绪，另一方面表达情绪的方式比较单一。因此，常常通过乱发脾气来发泄心中的不满。大多数情况下，两三岁的孩子偶尔耍脾气是正常的，如果过于频繁，就要及时进行管教了。

那么，我们该拿乱发脾气的孩子怎么办呢？

首先可以采用冷处理的方式，比如上述案例中的童童妈妈就可以换一种方式，为了不刺激童童而离开她一会儿。这样一来，父母既可以避免动气，又可以让孩子意识到耍脾气并不能让父母屈服。

待孩子安静下来后，我们再跟他讲道理，告诉他这样做是不对的。那么，怎样的道理孩子才更乐意听呢？没错，就是故事。在平日里，我们可以让孩子多看书，或者给孩子讲故事——《兔子与生气的小鹿》。

兔子与生气的小鹿

森林里住着许多动物，其中有一只性格温和的兔子和一只爱生气的小鹿。有一天，兔子走在路上，看见小鹿正在使劲地踢树干。

"你这是在做什么？"兔子问。

"问这么多做什么，跟你没关系，请你走开。"小鹿气呼呼地说。

这只小鹿的脾气也太不好了啊！还这么没礼貌。兔子心想，对了，肯定是小鹿遇到了什么麻烦，自己不妨问问，说不定能够帮上忙。

"你好！我是兔子奇奇。"兔子笑眯眯地说。

"我一点也不好！我连一个朋友也没有，大家见了我都走开。"小鹿沮丧地说。

"哦，原来是因为这个呀！难怪你在这里踢树干呢。"兔子接着说，"为什么大家都不想见你呢？"

"这个……这个……"

"我想，我知道答案了，你是不是对每个询问你的人都这么凶巴巴的啊？如果是的话，自然是谁也不喜欢跟你玩了。"

小鹿想了想，感觉兔子奇奇说得好像很有道理。于是，不再踢树干了，对兔子说："谢谢你提醒了我，或许真的是我脾气太不好了，让所有人都不高兴。"

后来，小鹿不再乱发脾气，她的朋友也越来越多。

故事中的小鹿经常发脾气，所以动物们都不喜欢她。这不但会让自己失去朋友，而且自己也会很难过。当孩子明白这个道理后，他就会慢慢改变自己。

尤其需要注意的是，在孩子乱发脾气的时候，父母一定要注意自己的情绪，如果自己感到很恼火，那么，是很难对孩子保持克制的。如果不能避免用过于刺激、夸张的方式批评孩子，那么，情况只会越来越糟。这一点是父母需要谨记的。

教养·小贴士

有些时候，孩子会突然发火，这时大人往往不明所以。如果真的找不出原因，可以考虑是不是环境因素造成的。比如搬家了，孩子不习惯；父母经常在孩子面前吵架；等等。可以趁着孩子独自玩的时候注意观察，如果他对玩偶学大人吵架时的口气大喊大叫，那么原因很可能就是不和谐的家庭环境造成的。

乐观的孩子才能看到生活阳光的一面

周末，乐乐一家准备自驾出去玩，出门的时候，乐乐可高兴了。可是没走多久，车就堵上了，乐乐看着窗外一长串的车阵说："唉！真没意思，这是出来玩还是出来难受呢？"

一旁的妈妈听到乐乐的抱怨声，耐心地说："出来玩，就要开开心心的，抱怨可不好哦，我们要乐观一些。"

正在开车的爸爸也说："是啊，堵车是因为出来玩的人多，这是预料之中的事，既然有点堵，那我们就慢慢欣赏沿途的风景吧！"

听到爸爸这么说，乐乐很无趣地说："欣赏风景……我都快急死了！你们怎么这么乐观呢？"听到乐乐的话，爸爸妈妈都笑了。

乐乐就是这样一个急性子，平时想做的事总是希望马上实现，遇到一点困难就悲观起来。爸爸妈妈对此有些担忧，但又不知道如何改变乐乐的这个性格。

生活犹如一面镜子，你对它哭它就哭，你对它笑它就笑。乐观是人所具有的积极向上的一种生活态度。乐观的人往往比悲观的人身体更健康，更容易远离抑郁，学习成绩更好，在人群中更受欢迎，成功率也更高。在养育孩子的过程中，永不言弃的乐观性格的养成尤为重要。

然而，有些孩子天生比较乐观，有些孩子则正好相反。比如，案例中的乐乐遭遇一点挫折就容易悲观。不过，心理学家认为，即使有些孩子天生不具备乐观品质，也可以通过后天的努力来培养。

那么，父母应该如何来塑造孩子乐观的性格呢？

首先，我们需要弄清楚孩子为什么会悲观。一般来说，孩子的悲观大都受家庭环境影响，他们从大人的批评中学会了悲观。因此，父母不仅要给孩子营造一个温馨和谐的家庭环境，还要不向孩子宣泄自己的"垃圾情绪"，这样能够大大减少孩子的悲观情绪。

当然，我们很难完全杜绝孩子的悲观情绪，成人都很容易有悲观情绪，更何况孩子呢？当孩子悲观的时候，我们可以说教，但要注意方式。比如，外出游玩的时候，发现只剩下半瓶水了，而此时天气很热，周围又没有卖水的地方。很多孩子甚至父母都很可能悲观起来："就只剩半瓶水了，这可怎么办呢？"

其实，半瓶水少吗？在乐观的人看来，已经足够多了。他们想的是："还好，半瓶水完全可以坚持到下一站，那时喝完了，就有卖水的地方了。"

两种不同的观点，带来的是完全不同的心情。父母应该用后者来影响孩子，在生活中多给孩子一些积极的暗示，这样孩子自然会变得乐观起来。此外，也可以给孩子讲一个关于乐观的小故事——《小雨滴下人间》，也能很好地引导孩子树立积极向上的心态。

小雨滴下人间

夏天来了，天空时而白云飘飘、阳光明媚，时而乌云密布，大雨骤下。

一天，天空又飘来了一片乌云，天渐渐暗了下来。

只听见云层中传来一个声音："伙计们，准备好了吗？"

"准备好了！"一片响亮的声音响起来。

原来这是乌云和小雨滴的对话，马上就要下雨了，这是最后在发号施令。

其中一滴小雨滴，想到自己要往下跳了，立马对乌云说："我害怕、我害怕，我这一去，就要到臭水沟里去了，我才不想去那里呢！"

乌云听了，说："不要把情况想得那么糟糕，大地上还有很多美好的东西，比如清澈的湖水、芬芳的花蕊，或许你会落在那里呢。"

小雨滴听了，还是犹豫不决。身边的小雨滴耸耸肩说："你为什么这么悲观呢？我们一起走吧！不下去，怎么知道会怎样呢?"

　　说着,就拉着小雨滴一起跳下去了,小雨滴连眼也不敢睁开,对即将到来的命运忐忑不安。

　　突然,咚的一声,小雨滴掉下来了。立刻被芬芳的香气迷住了,睁开眼一看,小雨滴惊喜万分,它掉进了花蕊中……

　　孩子就犹如小雨滴一样,充满童真且对很多事情都感到害怕,担心自己会受到伤害。这就需要父母给予他们勇气,让他们时刻保持一个乐观的心态。

　　要形成乐观的性格,需要父母多培养孩子的兴趣爱好,让孩子尽可能地去赞赏他人和悦纳自己,告诉孩子不要总是拿自己和别人比较,更要让他们学会控制自己对事物的反应以及疏导不良情绪。如此一来,孩子的生活才会充满阳光。

教养小贴士

　　我们不可忽视孩子情绪中乐观与悲观的差异,因为这不仅会使孩子在压力情境下产生不同的反应与因应策略,还会左右孩子寻求社会支持的意向,进而影响孩子的身心健康。一般来讲,乐观的孩子会有正向的期望,他们会努力去因应压力与寻求支持,而悲观的孩子则很可能会自暴自弃,严重影响身心的健康。

自负是孩子成长的大忌

➡️生活小场景

若形是个很好强的孩子，做什么都要赢别人，必须得到他人的表扬才行，否则就会耍脾气。

若形的爸爸妈妈为了满足她的好强心理，经常顺着她，玩游戏、下棋时都故意让着她，并且毫不吝啬地给予称赞："你真棒！""真是个聪明的孩子！"等等。

时间一长，爸爸妈妈发现，若形变得有些自负了，平时总觉得自己很了不起。这样的性格很快就带来了负面的影响。

在学校里，若形上课回答问题、做作业难免会出现错误，这个时候老师就会对若形说她错了，可是若形一听就不高兴了，每次都是乱发脾气，老师对此也很无奈。

平时和同学玩，她也总是看不起别人，即便有时候是她错了或者输了，她也不承认、不认输。她在心里认为自己是最优秀的，这是因为长期受父母夸赞形成了自负心理。

生活中，有些孩子的家庭条件比较优越，有些孩子的学习成绩比较好，也有些孩子有某项特长，等等。这些因素都很容易让孩子产生一种骄傲的情绪，他们会自以为了不起，久而久之就会产生一种缺乏自知之明的心理缺陷——自负。

自负的心理对孩子的成长是极为不利的，它产生的原因有很多方面，但主要与父母对孩子过分宠爱、不能客观地评价息息相关。比如，孩子聪明可爱使亲戚朋友们赞不绝口，具有的某项特长使同龄人对他刮目相看，再加上父母不适当的评价，就会给孩子带来一种错觉，以为自己完美无缺，于是变得自负起来。

因此，一旦发现孩子有自负的苗头，父母就应当运用"制冷"的手段，适时地给孩子泼点冷水，让孩子学会理性地评价自己，正确地认识自己。具体可以从以下几点做起。

1. 正确评价孩子

当下，赞赏教育得到很多父母的认同，于是经常赞赏孩子，一旦孩子不能正确对待这种评价，就会变得自负。因此，客观评价孩子就很重要了，一味地吹捧是要不得的，恰到好处的评价才是最好的。

2. 开阔孩子的视野

看不远，是因为站得不够高。孩子自以为是大多是因为身边没有比他更优越的人存在。因此，父母适当地让孩子多接触社会、多接触优秀的人，孩子就会认识到自己的不足，从而变得虚心好学。

3. 用故事感染孩子

有时候，我们在教育孩子不要自负的时候，孩子可能并不能清楚地意识到自负会带来什么后果。或者是话说了一大堆，孩子却没怎么听明白。此时，不妨给孩子讲一个故事，孩子喜欢听，也容易懂。《蚊子与狮子》就是一篇具有教育意义的小故事。

蚊子与狮子

在无边无际的草原上，一头威风凛凛的狮子迈着步子巡视着自己的领地，所有动物见了它，都远远地躲开，都怕惹怒了这位草原之王。

狮子看见这情景，很满意，认为自己是最厉害的，不会有谁比自己更威风了。

有一天，狮子躺在树荫底下休息，一只蚊子飞了过来，挑衅地对狮子说："你认为你是草原之王，所有的动物都怕你，但我一点也不怕你！咱们比一比，看我如何赢你。"

狮子忍无可忍，便说："好吧，既然你要自讨苦吃，就让我们来比个高低吧！"

这时，只见蚊子飞向了狮子，在他的鼻子上咬了几口，狮子气得伸出爪子来抓蚊子，可蚊子总是能巧妙地避开。就这样，蚊子飞来飞去咬狮子的鼻子，狮子像疯了似的乱蹦乱跳，却始终奈何不了蚊子。

蚊子飞到一边嘲笑狮子："你的力量在我面前简直一文不值！"然后就得意地飞走了，结果不小心被蜘蛛网粘住了。

蚊子此时感叹："哎，我真不应该如此自大，虽然我打败了草原之王，可眼下却要被一只不足挂齿的小蜘蛛吃掉了。"

强大如狮子也拿弱小的蚊子没办法，蚊子灵活能飞也会被蜘蛛吃掉。可见，即使再强大的动物也有它的弱点，再弱小的动物也有它的长处。人也是一样的，我们应该告诉孩子，不要做狮子，也不要学蚊子，过于自负总有一天会吃亏，而只有时刻保持谦虚的态度才能快乐成长。

教养小贴士

赏识教育被很多父母所推崇，对于欣赏，它原本就是一件很美的事情，不管是欣赏别人还是欣赏自己，都是在发现美。但如果不能正确地对待欣赏，就很容易陷入自负的泥潭。因此，父母在进行赏识教育的同时要把握好分寸，过度的赏识只会适得其反。

和懦弱说再见，做个勇敢的孩子

小毅今年上小学了，学习成绩还算不错，每次考试都能进入前十，这让父母很欣慰。可是，小毅胆子小，为人老实，经常受同学的欺负。这一点又让父母很担心。

比如，在学校里，小毅被误解或是受了委屈，他不会主动为自己辩解；如果有人打他骂他，他总是打不还手、骂不还口。

有一次，班里一个调皮的同学欺负他，老师刚好遇见了。同学恶人先告状，说是小毅先骂了他，小毅害怕得不敢在老师面前说真话。

还有一次，小毅在回家路上被同学欺负了，回到家后一个人在房间里哭鼻子，爸爸妈妈关心地询问后，才知道他是被同学欺负了。

只要是被别人欺负，小毅都不反抗，这可把爸爸妈妈气坏了。在当下这个竞争残酷的社会，如果没有强势一点的个性，将来肯定要吃亏的。对于小毅的懦弱，爸爸妈妈真的不知道该怎么办才好。

每一位父母都希望孩子健康成长，于是细心呵护着，费尽心思清除孩子成长过程中的各种障碍，然而最终结果往往事与愿违，孩子怎么就变得懦弱了呢？就如案例中的小毅一样，性格过于懦弱而常常被欺负。

其实，与性格霸道相比，性格懦弱对孩子的危害有过之而无不及，性格过于懦弱是孩子教养过程中不可忽视的一个方面。

那么，为什么越来越多的孩子变得懦弱了呢？

首要的责任就在于父母，比如，父母过于溺爱就会导致孩子独立性差，一旦离开家庭环境就变得不知所措；父母平时过于强势、经常吵架，孩子也会变得胆小、不敢言；父母对孩子一味强调"温良恭俭让"，也会造成孩子某种程度上的"精神缺钙"，遇事只会忍让求和，委曲求全，忘记了自己还有保护自己的能力。可见，孩子的懦弱大多与父母有关。

实际上，任何一个孩子都不是天生就懦弱的，只要父母给予良好的教育，孩子就会变得勇敢起来。如果你发现自己的孩子比较胆小怕事，又不知道如何教育他，不妨多给他讲讲勇敢的故事，比如下面这个故事——《勇敢的小刺猬》。

勇敢的小刺猬

森林里可热闹了，这里有很多小动物，小刺猬就是其中的一员。可是在大家的眼里，小刺猬最不受欢迎了。他那身体满身长刺，又尖又小的脑袋总是缩在肚子下面，一副胆小怕事的样子。

有一天，小伙伴们在玩捉迷藏，正玩得开心，小刺猬也想参加，公鸡见了很不高兴，说："去，你凑什么热闹？你只会缩着个头。"

小鸭子和小兔子见了，也说："小刺猬，你能干什么？呆头笨脑的。有点风吹草动只会懦弱地缩成一团。"

大家你一嘴他一言的，把小刺猬说得一无是处。

小刺猬听了，有些伤心，只好动了动圆乎乎的身子，悄悄地退到一边去了。

捉迷藏开始了，小兔子藏在了草丛里。忽然，小兔子惊惶地尖叫起来："蛇！蛇！"

小伙伴们都赶过来，只见那条蛇已经爬到他们跟前了，身体又粗又长，三角形脑袋，嘴里的毒芯一伸一伸，还发出了"嗯嗯"的声音。

公鸡大喊一声"快跑！"，小兔子、小鸭子紧跟在后边跑起来。蛇拉直了身体，拼命朝前追。

这个时候，只见小刺猬不慌不忙的，瞬间咬住了蛇的尾巴，然后把头缩进肚子底下，竖起了一身长刺。

蛇时而张大嘴巴，时而把身体盘成一团，想咬死、勒死小刺猬，可是都失败了。最后，蛇的身上被刺了无数个小洞，躺在地上不动弹了。

小伙伴们回过神来，看到小刺猬把凶恶的大毒蛇给刺死了，于是都很佩服小刺猬的勇敢，以后再也不敢瞧不起小刺猬了，而且还把它当成了好朋友。

刺猬是比较弱小的动物，见了比自己大的动物不是逃走就是把身体卷成圆球，看起来比较胆小，但其实是在自我保护。

在教育孩子的过程中，我们也应该告诉孩子：离开了家的环境，在外难免会遇到被别人欺负的情况。这个时候，你不应该害怕，而是要学会保护自己。必要的时候，也要像刺猬一样给予相应的反击，让对方知道自己的勇气。

总之，孩子懦弱的性格，对孩子的身心健康有深远影响，我们应予以及早矫治。尽管懦弱的孩子的思维能力和才华与其他孩子一样，但由于性格缺陷，会让他的成长受到阻碍，而且难以适应竞争激烈的社会生活。

因此，父母应经常给孩子讲些勇敢者的故事和童话，告诉孩子，只有勇敢才会成功，胆小鬼是办不成大事的。

教养·小贴士

　　作为父母，我们既不能纵容孩子胡乱攻击别人的不良行为，又不宜一味压制孩子的"还击意识"。从有益于孩子心理健康发展的角度出发，适当地引导只会退缩、忍让的孩子树立自强信念，进行适当"还击"也是值得提倡的。

告别依赖，尽早让孩子独立

琪琪是一个乖巧、善良的小姑娘，就是特别黏妈妈。

每次送琪琪去幼儿园，只要妈妈一走，她就哭起来，老师过来劝她别哭，可她越哭越厉害。有时候，妈妈看着不忍心，就坐下来陪她一会儿，琪琪就抓着妈妈的手不松开，妈妈走到哪儿她就跟到哪儿。

在家里也是一样，有时候妈妈因为有事要出去一会儿，就小声对琪琪说："你和爸爸玩一会儿，我出去拿点东西就回来。"琪琪听了之后，立马拉着妈妈的手不让走。看到妈妈出门后，就坐在地上大哭，直到妈妈再次出现时才安静下来。

对此，妈妈总是抱怨说："琪琪这么黏我，出门带她又不方便，就只能偷偷地走，万一被她看到了，就抱大腿扯衣服，甚至开始哭闹，真的不知道应该怎么办才好。"

　　对于孩子来说，爸爸妈妈是他们最亲近的人。所以，孩子对妈妈有一定的依赖是比较正常的，但是什么事情过了头就会变得不好。实际生活中，像琪琪这样过于依赖父母的孩子比比皆是。

　　通常来讲，孩子过于依赖父母，主要是因为父母对孩子过于溺爱，无条件地满足孩子的所有要求，娇生惯养使得孩子凡事都依靠父母。长此以往，对孩子的成长会产生很大的消极影响。因此，尽早让孩子告别依赖是父母必须重视的问题。

　　当然，要让孩子适应离开自己的环境，这是一件很棘手的事情。强行分开很容易对孩子造成心理伤害，我们只能循序渐进地与孩子分离。在这个过程中，如果能够与孩子分享一些故事，对孩子学会独立会有很大的帮助。

　　下面就和孩子一起欣赏故事——《依赖妈妈的小熊》。

依赖妈妈的小熊

　　妈妈在小熊眼里就是自己的保护伞，他一刻都离不开妈妈。

　　一天，妈妈拎着菜篮子对小熊说："宝贝，妈妈要去菜市场买菜，你在家玩一会儿，我很快就回来。"

　　"不要，不要，我要你在家陪我！"小熊拉着妈妈的手不让走。

"好孩子，听话，要是不买菜，晚上咱们就要挨饿了。"熊妈妈安慰小熊。

　　小熊大哭起来，妈妈怎么哄也没用，于是只好在家陪小熊。

　　到了晚上，小熊对妈妈说："我好饿啊，想吃饭！"

　　熊妈妈说："妈妈也饿了，可是家里没有菜，白天是谁不让妈妈去买菜的呀？"

　　小熊听了，默默地低下了头……

　　故事中，小熊时刻都黏着妈妈，这不仅妨碍妈妈，对小熊的成长也很不利。这个故事可以让孩子意识到：如果整天黏着妈妈，是会带来不好的后果的。对于有依赖性的孩子，除了多给孩子讲故事外，父母还必须做到以下两点。

1. 积极矫正

　　及时改掉孩子依赖的习惯，对孩子有能力做的事情彻底地放手。比如，不再喊孩子起床、睡觉，让他自己按时作息；不再为孩子夹菜，让他自己吃饭；不再帮孩子穿衣服，让他自己穿；让孩子明白有些事情是可以自己独立完成的。

2. 绝不迁就

　　在矫正孩子依赖习惯的过程中，对于决定要让孩子自己动手的事情，一旦明确了，就要坚定不移，不能迁就退让，不能屈服于孩子的无理取闹。比如，说好了由爸爸送去上学但临走时非要妈妈送，自己能够系好鞋带偏要妈妈帮忙，等等。要孩子独立，就要舍得放手。

总之，要让孩子独立起来，不妨做个"懒妈妈""狠妈妈"。也就是说，妈妈应该给孩子更多的机会，孩子能做的事情就让孩子自己去做，不会做的事情也要提供机会让孩子练习，慢慢地培养孩子的独立性。

教养·小贴士

　　帮助孩子摆脱依赖性是一个循序渐进的过程。在这个过程中，一定会遇到很多困难，父母一定要战胜自我，不要看到孩子一哭一闹就心软、妥协而放弃要求。要知道，孩子总是要长大的，只有让他变得独立，未来的路才会走得顺利。

第四章

塑造好品格，给孩子正能量故事教育

↓

　　品格，也就是一个人的德行，我国自古就很重视一个人的品德教育，德才兼备的人才是社会所需要的。为此，在传统教育上，大多数父母都喜欢给孩子讲品德故事，以期待孩子有一个好的品德。其实，讲品德故事一直都没有过时，它能够给予孩子正向的激励，让孩子成为一个正直的人。

懂礼知礼的孩子最受人欢迎

欣欣今年5岁，是一个比较调皮的孩子。

一个周末，爸爸的同事来家中做客。爸爸便让女儿向叔叔问好，可是欣欣一脸淘气，一语不发。爸爸看到欣欣的表现有点不高兴，便轻轻推了欣欣一下说："欣欣，这样很没礼貌哦，跟客人打个招呼吧！"

此时，欣欣依旧是一副无所谓的样子，就是不愿说话。同事见状连忙说："哎呀！没关系，小孩子嘛，见了陌生人总是不好意思的。"

这时，爸爸当着欣欣与朋友的面说："唉，这孩子就是这样，不好意思啊！"

事后，爸爸准备教育一下欣欣，于是说："欣欣，你知道你今天表现得很不礼貌吗？"

欣欣反驳说："我又不认识他们，根本不知道说什么。"

妈妈接过话，说："你可以说'您好啊'。"

欣欣若有所思地回答说："好吧，下次我试着说一句'您好’，这样就是一个懂礼貌的孩子了，看起来也很简单啊！"

爸爸妈妈有些无语了，看来得好好培养一下女儿的礼貌行为了。

➡ 小故事·说道理

父母都希望自己的孩子有教养，因为孩子是自己的一面镜子，孩子有教养折射出的是父母有教养，礼貌则是孩子有教养的直观体现。所以，从小培养孩子懂礼貌，是父母非常重视的内容，因此，我们总是让孩子对这个或那个说"您好""谢谢"；在公众场合总是不能这样、不能那样，以此体现出孩子的教养。

然而，大多数时候，孩子的表现都令我们失望，诸如简单地问声好，孩子可能也难以做到。之所以出现这种情况，是因为在孩子看来：我的行为怎么就没有礼貌了呢？

原来，孩子并不知道什么是礼貌。有这样一个故事：一个3岁的孩子被妈妈多次批评没礼貌之后，问妈妈："您总是说我没礼貌，到底什么是礼貌啊？我不想跟陌生人说话就是没礼貌吗？"听后，妈妈才明白，原来想要孩子有礼貌，就要先让孩子知道什么是有礼貌。

孩子并不知道怎么做才算有礼貌，这需要父母从小开始灌输。那么，怎么才能让孩子变得礼貌起来呢？最重要的就是从心底里改变他们。尤其是年龄小的孩子自制力弱、比较害羞，他们需要突破心理上的畏惧。

你想到方法了吗？对的，故事总是有着不一样的魔力。如果我们总是用说教的方式来教导孩子，说得多了，孩子就会产生逆反心理。而如果是通过讲故事的形式，孩子更容易接受，自然也更容易起效果。

不讲礼貌的毛毛

毛毛是一只小松鼠，有一条蓬松的大尾巴和灵活小巧的四肢，乌溜溜的眼睛转来转去，显得很可爱。

可是，毛毛脾气很暴躁，无论对谁都很没有礼貌。

"毛毛，早啊！"小鸟礼貌地向毛毛打招呼。毛毛头也不抬，不理会小鸟，往另一棵树上跳去。

"毛毛，早啊，我给你个松果吧！"长颈鹿叔叔说。毛毛接过松果就嗑起来，连句"谢谢"也没有。

"毛毛，你的尾巴真好看，我可以摸一摸吗？"小猴子问。毛毛很不屑地说："摸你自己光秃秃的尾巴去吧！"

渐渐地，没有人再理毛毛了，毛毛才开始觉得无聊，于是主动向小鸟打招呼："我可以听你唱一会儿歌吗？"刚说完，小鸟飞走了。

"我们一起玩吧，小猴子。"刚说完，小猴子也跳走了。
……

回到家，毛毛伤心地哭了起来。"大家都喜欢有礼貌的孩子，只要学会礼貌待人，大家都会喜欢你的。"松鼠妈妈安慰毛毛。

《不讲礼貌的毛毛》讲述了毛毛一开始对他人的不礼貌行为，最终给自己带来了不好的后果——没有人愿意跟他玩。与孩子多分享这样的故事，孩子就会在潜意识里认识到哪些行为是不好的。此时，妈妈就可以趁机给孩子灌输正确的做法，让孩子自愿接受和改变。

需要注意的是，在培养孩子礼貌行为的时候，要考虑孩子的个性。比如，若孩子个性害羞内向，要让他明白不害怕且勇敢地表达礼貌是件很棒的事；若孩子个性顽固且情绪阴晴不定，除了和他分享礼貌的重要性之外，还要让他明白"没礼貌"会让人感到心情不佳，也会使人不喜欢与他接触。只有发自内心地展现礼貌时，才会真正地受人欢迎。

教养小贴士

强迫孩子讲礼貌是一种不好的教育方式，强迫本身就是一种不讲礼貌的行为，强迫他人做不愿意做的事情，很容易给对方造成心灵上的伤害，对还不大懂事的孩子更是如此。许多父母以为孩子是"自己的"，为了在别人面前为自己挣面子，就迫使孩子听命。这样做，既容易给孩子的心灵造成伤害，又容易把不尊重人、不能平等待人的恶习传给孩子。

让孩子学会诚实守信

➡ 生活小场景

有一位妈妈讲了一个让她无法容忍的行为，那就是孩子说谎，她是这样描述的：

她的儿子6岁了，正在上小学一年级。平日里，她对孩子的品德要求很高，绝不允许孩子说谎话。只要孩子撒谎，就要惩罚他。

然而，渐渐地她发现，体罚孩子不仅没能改变孩子撒谎的习惯，反而孩子越来越会撒谎了。

有一次，她下班回来，问儿子有没有看电视，儿子立马回答："没有看。"

于是，她过去摸了摸电视，发现电视是热的，便问："难道电视会自动升温吗？你什么时候开始学会撒谎了？"

儿子低着头不说话。

又有一次，同样是下班回来，妈妈例行质问儿子："有没有看电视？"儿子学聪明了，知道提前关闭电视机，甚至用风扇一边吹一边看，于是自信地说："没看。"

妈妈照旧摸了摸电视，发现不热，接着又触摸了一下屏幕，发现有静电，于是对儿子吼道："你到底还要撒多少次谎？"孩子吓得一声不吭。

后来孩子依旧偷偷看电视，不仅知道了看完要用布抹一下屏幕就不会有静电，还知道了看完要调回原来的频道和音量，等等。当妈妈问他有没有看电视时，他依旧撒谎说"没看"。

➡ 小故事·说道理

很小的时候，我们都听过《狼来了》的故事。放羊的孩子突然心血来潮想逗逗村民，于是大叫："狼来了，狼来了！"山下的村民听到呼救，纷纷跑到山上去打狼，谁知却被孩子嘲弄了一番。如此三番五次被欺骗，最后没有人再相信这个放羊的孩子了。后来，狼真的来了，放羊的孩子就被吃掉了。

这个故事告诫我们，撒谎的下场是很惨的，做人要诚实！然而，大多数孩子依旧改不了撒谎的恶习。这也是很多父母苦恼的地方：孩子为什么总是爱撒谎呢？

其实，说谎几乎是所有孩子成长中必然出现的一个现象。

研究表明，2岁的孩子有2%的比例会说谎，4岁的孩子说谎的比例高达90%，到了12岁，几乎每个孩子都会说谎。但到了16岁，说谎的比例就会下降至70%。

可见，孩子说谎是不可避免的，我们只能通过教育来让孩子尽量少说谎，培养他们诚实的好品格。作为父母，我们可以采用以下几个方法。

1. 言传身教，树立榜样

有一句话说得特别好——教育孩子不说谎首要的是自己不说谎。从自身做起，用自己的诚实影响孩子的行为，要比对孩子说一百遍"不要说谎"更有效。这就要求父母对他人、对孩子信守承诺，即便有时候因为客观原因而无法兑现自己的诺言，也一定要向孩子说明原因，并给予孩子一定的补偿。

2. 耐心劝导，给予鼓励

如果孩子说谎了，父母要切记先不要责备孩子，而是耐心地用形象的事例或故事，让孩子认识到说谎是一种不良行为，会失去别人的信任，会失去朋友，并鼓励他改正。当孩子认识到了错误时，要及时表扬，给予鼓励。下面就是一个很好的教孩子诚实的故事。

说谎的匹诺曹

一个小镇里住着一位专门做玩具的薛贝特老伯伯，他没有孩子，时常感到寂寞。因此，有一天，老伯伯便用木头做了一个可爱的男孩，并取名为匹诺曹。老伯伯多么希望这是一个真的孩子，那样该有多好啊！

夜里，一位美丽的天使出现了，她对熟睡的老伯伯说："老伯伯，因为你做了太多太多美丽可爱的玩具，给孩子们带来了欢笑，我就帮您实现愿望吧。"说完将魔棒轻轻一挥，木头人匹诺曹就站起来了。老伯伯被突然的响声吵醒了，起来看见匹诺曹变成了真人，高兴极了！

　　第二天，匹诺曹要去上学了。走在路上，看见了热闹的戏团，于是就被吸引了过去。戏团的主人因为匹诺曹的可爱，赏了他五枚金币。匹诺曹拿着金币高兴地往家里跑，不曾想在半路遇上了狐狸和猫。

　　狐狸和猫说："匹诺曹，我们知道有个神奇的地方，只要种下一枚金币，就会长出一棵长满金币的树！"

　　"真的吗？那请你们快带我去吧！"匹诺曹兴奋地说。

　　后来，匹诺曹被骗了，他因不愿交出金币而被吊在了树上。这时仙女突然出现并把他救了下来。仙女问他是怎么回事。

　　匹诺曹心想：不能说实话。于是，他开始撒谎编故事。在他撒谎的时候鼻子变得越来越长，匹诺曹担心地哭了起来。

　　仙女说："匹诺曹，老伯伯在你的身上安了机关，只要你说谎，鼻子就会变得越来越长。"

　　"救救我，不要再让我的鼻子变长了，我再也不敢说谎了。"匹诺曹哭着向仙女哀求。

　　仙女见匹诺曹是真心想改过，于是把他的鼻子恢复正常。匹诺曹决心要做个诚实的孩子。

匹诺曹担心自己没有认真地去上学而受到仙女的责备，于是编起了谎言。然而老伯伯早在制造他时就给他安了机关，只要一说谎，鼻子就会变长。这个故事告诉孩子，说谎会给自己带来害处，诚实才会带来好运。

对于说谎的孩子，除了要以身作则和耐心劝导外，父母们还要注意不要给孩子乱贴标签，多进行诚实教育，等等。如果孩子说谎造成的后果比较严重，那么就要给孩子一定的惩罚，比如，将原本奖励的事宜取消，让孩子明白说谎会带来严重的后果，从而更加注重诚信。

教养小贴士

很多时候，孩子说谎，是因为不想让父母失望，所以宁愿选择用谎言去掩盖。比如，我们常教育孩子如何成功，却忘了告诉孩子面对失败也是一种勇气。其实，只要孩子努力了，就算结果不完美也没关系。我们要善于接受孩子的不完美，这样孩子才不至于用谎言来安慰我们。

霸道让人厌，谦和的人才会讨人喜欢

思航今年四岁，正在上幼儿园，无论是在家里还是在学校，他都表现得很霸道。

平时吃饭的时候，谁要是坐了他的座位，他就会立马大喊道："起来，这是我的座位，你不可以坐。"对自己喜欢吃的菜，更是不让其他人下筷子，否则就大喊大叫。对此，爸爸妈妈很无奈。

他在外的表现更让爸爸妈妈尴尬。有一次，在小区里玩，思航手里拿着一辆红色的遥控车，玩得很开心，一旁的文文看到思航放在地上的变形金刚，正想伸手去拿，只见思航气冲冲地大喊一声："这是我的玩具，你不许动！"

无奈，文文只好玩自己的玩具。可是不一会儿，思航看见了，就过来一把把玩具抢了过去，文文被这突如其来的举动吓住了，接着就哭了起来。

这时，思航的妈妈过来劝说："你不跟文文分享玩具，还抢她的玩具，这是不对的，快向文文道歉。"

可是，思航就是不肯让步，这让妈妈感到很尴尬，最终只好强行让他把玩具还给了文文。

➡ 小故事·说道理

日常生活中，孩子经常会出现一些霸道行为：好吃的东西习惯于独享，喜欢的玩具不准别人碰，抢别人的玩具，甚至是欺负别的孩子……孩子出现这些霸道的行为究竟是为什么呢？难道是孩子天生如此？

其实，这并非孩子有意为之，而是由孩子的发育规律决定的。

研究发现，从幼儿心理发育的角度讲，1岁以内的孩子头脑中还没有形成物品所有权的概念，所以会很大度地把东西给别人；2岁左右的孩子开始有了自我意识，会认为凡是自己喜欢的东西就是自己的；到三四岁时，才知道哪些东西是属于自己的，哪些不是。

不过，一般2～3岁的孩子就能在父母的引导下学习为他人着想，表现出谦让。我们可以把2～6岁看作是培养孩子分享意识的关键期。因此，孩子的霸道虽然与成长规律有着一定的关系，但也是可以改变的，父母不妨从此时开始逐渐把分享的观念传授给孩子，让孩子懂得合作和谦让的重要性。

作为父母，我们可以通过以下方法来改变孩子霸道的行为。

1. 建立孩子的物权意识

前面我们讲了孩子物权意识的发展规律，孩子知道什么东西是属于自己的，但他们意识不到别人的东西也是有"物权"的，自己不能随意分配（抢过来玩）。所以，给孩子建立这种意识，他们就会意识到霸道地去抢别人的东西是不好的行为。

2. 给孩子讲故事

霸道的孩子往往体会不到对方的感受，会认为自己的霸道行为没有什么不妥。作为父母，我们可以用委婉的方式向孩子表达意愿。比如，给孩子讲一个故事——《抢玩具的小象》。

抢玩具的小象

霸道的小象长着一个长长的鼻子，喝水、洗澡、拿东西都用鼻子，可灵活了。最近，他发现用鼻子去抢小伙伴们的玩具很有意思。

小象看见小猪在玩彩泥，自己也很想玩，就把鼻子一伸，吸住彩泥缩了回来，小猪见彩泥被抢走了，大哭起来。

不一会儿，小象又看见小猴子在玩积木，于是就用长长的鼻子吸住积木抛起来，然后又用鼻子接住，玩得很开心。

小猴子急了，对着小象大叫，可是无奈小象太庞大了，小猴子奈何不了他。

渐渐地，其他动物们都不跟小象玩了，都不喜欢霸道又喜欢抢别人玩具的他。

小象姐姐为了教训一下小象，于是在玩的时候，把小象的玩具抢走了，小象要抢回来，可是却没有姐姐高大，只能气呼呼的，一脸不悦。

　　小象姐姐说："你现在知道被别人抢了玩具是啥滋味了吧？"

　　"我只是觉得那些玩具好玩，所以才抢过来的。"小象委屈地说。

　　"你想要别人的玩具，应该和玩具的主人商量，让他们借给你玩儿一玩儿，或者用自己的玩具和他们交换。这样硬抢别人的玩具，显得太霸道了，没有小伙伴会喜欢你的。"小象姐姐说。

　　小象听了，终于认识到了自己的错误，从此再也不抢小伙伴们的玩具了。

　　小象仗着自己有着长长的鼻子，经常抢小伙伴们的玩具，他只是觉得很好玩。其实，很多孩子喜欢抢别人的玩具也有这方面的原因。正如前面所说的，他们认识不到他人的物权意识，把抢当作一件自然的事。

　　很多时候，孩子的霸道是无意识的一种行为。我们的教育目的就是要让孩子认识到霸道行为不妥，进而促使他们改正自己的行为，成为一个大家都喜欢的孩子。

教养小贴士

不想让孩子成为霸道的"小皇帝"，父母首先要给予孩子良好的言行教育，也就是自己要懂得礼让、谦和，孩子才会学到这些优秀的品质。在养育孩子的时候，不要一味满足孩子的一切要求，否则孩子就会变得唯我独尊、霸道无礼。

丢掉自私，培养孩子大方的品格

➡ 生活小场景

一位妈妈这样说：

女儿妍妍4岁了，是一个开朗、活泼的孩子。因为一直对她采用讲道理的教育方式，几乎不进行体罚，所以妍妍的性格一直很好。可是，最近我发现妍妍变得自私了。

一天早上，妍妍爸买了一大袋面包回来，各种口味都有，足够一家人吃了，只是女儿在拿到面包后就抓着不放了，表示这些都是她的，别人不可以吃。其实，孩子爱吃，我很高兴，只是她这样的表现，我莫名得有点难过，为什么孩子会变得这么自私呢？

还有一次，我下班回来给她买了饼干，她吃了几块就放在一边了。我拿起一块想尝一尝，她看见后马上大喊："妈妈，您不能吃，那是我的。"类似这样的情况发生过很多次，让我很担忧孩子的成长。

➡ **小故事·说道理**

　　自私是当下孩子比较普遍的问题，是孩子在一定阶段的一种占有欲的体现。之所以出现这样的状况，与父母的教养方式和教育态度息息相关，比如，父母过于溺爱导致孩子以自我为中心，或者过于优越的生活条件，使得孩子不愿意和他人分享自己的东西、占有欲强，只关注自己的利益，从而慢慢地形成了自私的习惯。

　　自私的孩子是不受人欢迎的，从小培养大方的品格会让孩子未来更有人缘。如果你的孩子表现得自私，那就趁早对孩子的行为进行修正。当然，我们首先要改变自己，不溺爱、不娇惯孩子，然后再对孩子进行循循善诱的教导。

　　下面，就让我们来给孩子讲一个因自私而带来严重后果的故事——《自私的小毛驴》。

自私的小毛驴

　　很久很久以前，毛驴并不是人类的畜力，他们自由自在地生活在草原上，过着悠闲自在的生活。

　　一年夏季，一群小毛驴像往常一样出来觅食，有一只小毛驴独自出来，他发现了一块肥美的草地。心想：我如果告诉伙伴们，那这里的草很快就会被吃光；如果不告诉他们，我就可以自己独享了。

　　于是，每天出去觅食的时候，这只小毛驴都避开其他伙伴，等同伴走远了，他再偷偷地跑到那块草地去吃草。

有一天，小毛驴又独自来到草地吃草，一个猎人发现了他，悄悄地靠近他。然而，小毛驴一点也没有觉察到，最终被猎人逮住了。

猎人回到家后，见小毛驴很温顺，就把他当作畜力，白天下田拉货物，晚上还要围着磨转。此刻，小毛驴才后悔自己的自私，要是和同伴们分享，就会有专门负责放哨的，自己也就不用在这里干苦力了。

然而，一切都晚了。

小毛驴因为舍不得与伙伴们分享肥美的青草，最终落入了猎人的手中，这都是因为他太自私了。通过这个故事，我们要让孩子意识到自私会给自己带来不好的后果，慷慨大方地与人分享，才能够获得更多的朋友。

此外，作为父母，面对孩子的自私行为，我们还需要调整好心态，接纳孩子这个年龄段的特点，然后对孩子反复进行良好行为的训练强化，让孩子在社交中学会体谅别人，关心别人，为别人着想。切忌一味对孩子说教。

总之，孩子性格的形成是一个长期的过程。性格一旦形成，要想改变它，自然也绝非一朝一夕的事。孩子的正确思想是需要灌输的，其行为也是需要培养的。因此，父母要正确对待孩子的自私心理及行为，从小塑造他们的好品格。

当孩子有了自私的心理之后，就会变得爱说谎，甚至还会自我封闭，拥有暴力倾向等，同时会对孩子今后的心理和个性产生消极影响。如果你的孩子占有欲强，极力保护自己的物品，经常抢夺、拿走他人的爱物；对人和事缺乏同情心，心胸狭窄，做事斤斤计较，爱讲条件等。这些性格必须及时纠正，否则会对孩子未来的人格产生严重的消极影响。

懂得感恩，生活就会充满温暖

有这样一条新闻：

在一个商场里，一位妈妈陪着5岁的儿子逛街，他们走进了一家玩具店。

男孩看中了一架遥控汽车，吵着闹着要妈妈给他买。可是妈妈嫌贵，说什么也不给他买。

男孩不依不饶，最后竟然对妈妈拳脚相加，扯着妈妈的头发又哭又喊。妈妈很无奈，但依旧耐心地跟孩子讲道理，可惜男孩不听，扯着头发不肯放。

一旁的人看得目瞪口呆，纷纷感叹："这孩子如此不知感恩，父母是怎么教育的？"

……

其实，类似于这种新闻的举动还有很多。比如，当妈妈不小心摔倒在地上时，有的孩子不但不关心，还站在一旁哈哈大笑；当妈妈生病躺在床上时，有的孩子却在抱怨妈妈没有带自己出去玩……

于是，父母常感叹：为什么自己一切为了孩子却得到这样的回报？

➡ **小故事·说道理**

随着家庭条件越来越好，年轻父母对孩子的教育也投入越来越多的精力。大多数孩子长期处于被过分呵护的状态中，他们觉得长辈们为他们所做的一切都是天经地义、理所当然的，因而导致孩子不知感恩，变成了"白眼狼"。

其实，孩子的样子几乎都是父母刻画出来的。孩子不知感恩，与父母的教育方式是脱不了关系的。"小皇帝""小公主"的出现都是由于父母过于宠爱，孩子养成以"自我为中心"的坏习惯，不懂得心疼、体贴父母。

著名教育家苏霍姆林斯基曾说："良好的情感是在童年时期形成的，如果童年蹉跎，失去的将无法弥补。"可见，童年时期是孩子情感情绪发展的关键期，这个阶段加强对孩子的感恩教育是一件非常有必要的事情。

作为父母，我们要让孩子从知恩（理解父母的养育之恩、师长的教诲之恩等）再到感恩（懂得孝敬父母、孝敬师长等），让孩子更加热爱生活和关爱他人。

具体可以从以下几个方面来做：

1. 及时纠正孩子的不当言行

孩子对事物的判断能力较弱，很多时候是非不分，他们意识不到自己行为的过错，这就需要父母及时予以纠正；另一方面，他们的控制能力也很弱，即便知道自己的行为不妥，但由于管不住自己，依旧犯错，这也需要父母的监督。比如上述案例中的妈妈，就不能太放纵孩子的行为，该严厉的时候就必须严厉。

2. 用感恩故事影响孩子的行为

故事对孩子有着天然的吸引力，6岁前的孩子还不能独自看故事，但他们又很喜欢听故事。这个时候的阅读基本是靠父母讲给孩子听。趁这个时候，给孩子讲一些感恩的故事，对孩子形成感恩的品格有莫大的帮助。

下面就给孩子讲一讲《羊羔跪乳》的故事吧。

羊羔跪乳

很久以前，一只母羊生下了一只小羊羔。

羊妈妈对小羊十分疼爱，睡觉的时候，总是用身体温暖着小羊，让小羊睡起来特别安稳；吃草的时候，小羊也寸步不离地跟在羊妈妈身边，时刻受着保护。

有一次，羊妈妈正在喂小羊吃奶。一只母鸡走过来说："羊妈妈，你整天这么辛苦地照顾小羊，又瘦了啊！你看我，从来不管小鸡们的吃喝，多自在啊。"

羊妈妈很讨厌母鸡的话，就不客气地说："我的事不用你管，这么多嘴，还是担心你自己的脖子吧！"

母鸡听了很生气地走了。

接着，小羊说："妈妈，您这么疼爱我，我要怎样报答您呢？"羊妈妈说："你有这片孝心我就心满意足了。"

小羊听后，"扑通"跪倒在地，表示对妈妈的感激。从此以后，小羊每次吃奶都是跪着，以此感激妈妈的哺育之恩。

小羊为了报答妈妈的哺育之恩，每次都跪着吃奶。孩子或许年龄小，无法深刻体会什么是感恩，但他们一定会明白，妈妈对自己好，自己也应该对妈妈好。如果父母能够经常与孩子进行亲子阅读，用故事熏陶孩子的品格，孩子的行为就会得到改变。

孩子学会感恩，他们才能明确责任，才能体味真情。从小将感恩的种子播撒在孩子的心田，使其生根发芽，孩子的美德之花才会常开，感恩之树才会常青。

在对孩子进行感恩教育时，父母应避免的话语：

（1）"我们给你买了这么贵的衣物、玩具，你爱爸爸妈妈吗？"父母付出的并不一定是孩子愿意接受的，甚至是孩子厌恶的。一旦我们的付出没有得到回应，我们就会失望。因此，父母在为孩子付出时，最好先问一下自己：这是孩子需要的吗？

（2）"爸爸妈妈这么辛苦，都是为了你啊！"父母为了向孩子表明自己的付出，希望通过这句话让孩子明白。然而，这么说会给孩子造成心理负担，它暗示了"我付出给你，你要多听话，要对爸爸妈妈好一点"，这样，孩子的感恩也会变得勉强起来。

第五章

孩子不善交际，用故事打开心灵的那扇窗

⬇

一个人的成功，15%取决于技术知识，85%则取决于口才艺术。可见，如果孩子不善于交际，对他的未来会产生深远的影响。那么，如何才能让孩子爱上说话、善于交际呢？多听就是有效的方式，父母可以多给孩子讲讲故事，以打开孩子的心扉。

羞涩的孩子，请多给他一点呵护

➡️ 生活小场景

周末，袁妈妈带着5岁的儿子皓皓去游乐场玩。

在游乐场里，正巧遇见了同事王阿姨。见王阿姨走了过来，袁妈妈牵着皓皓的手，说："皓皓，这是王阿姨。"

谁知皓皓见到王阿姨就往妈妈身后躲，害羞地看着王阿姨，不敢说话。

这时，袁妈妈试图把儿子推到前面，说："王阿姨又不是老虎，你这么害怕干什么？"

皓皓抿紧了嘴唇，只是怯生生地望着王阿姨。

袁妈妈有点无奈，使劲拽了一下儿子，要把他从背后拽出来。儿子被这一举动吓得快要哭了，袁妈妈只好无奈地对王阿姨说："我儿子就是这样，怕生，见人就躲，真拿他没办法。"

王阿姨笑着说："没事，没事，孩子还小嘛！"

袁妈妈只好叹了口气。

每个孩子无论活泼外向还是害羞内敛，都与父母的教育方式息息相关。国外研究发现，害羞的孩子80%是家庭因素导致的，且孩子的父母多半不喜欢说话、朋友也少，因此忽略了孩子与外界接触的需要。

由此可见，孩子的性格需要我们从小进行培养，对于害羞的孩子，我们不应该过多批评，多鼓励更有利于孩子形成外向的性格。在教育的过程中，可以适当地给孩子讲讲身边的故事，给孩子树立一个榜样。

害羞的奇奇

奇奇是个很可爱的小女孩，圆圆的脸蛋，笑起来眼睛能眯成一条缝，声音也很甜美。然而，奇奇很害羞，在学校里她总是低着头，不敢大声说话。

有一次在课堂上，老师让小朋友们轮流表演。有人说笑话，有人讲故事，还有人唱歌跳舞，奇奇却坐在座位上什么也不讲。

放学的时候，其他小朋友见到认识的阿姨和小伙伴都会热情地打招呼，只有奇奇跟在妈妈的后面，见了谁都不打招呼。为此，小伙伴们都觉得奇奇不友好。

后来，有一次课上奇奇突然想去洗手间，路过厨房的时候，看见厨房里着火了，奇奇忘记了害怕，忘记了害羞，跑到教室里大喊起来："厨房起火啦！厨房起火啦！"老师听见了，立刻跑到厨房灭起火来。

事后老师和小伙伴们不仅夸奖奇奇，还请她给大家说一说这件事。奇奇虽然有点害羞，但还是大声地把刚才发生的事说了出来。后来，奇奇感到和大家在一起说话很开心，渐渐地不再害羞了。

孩子感到害羞，一个重要原因是对环境感到陌生，对周围人的不熟悉，孩子见到不认识的人都会躲着，这不能怪孩子。害羞的奇奇在喊出"厨房起火啦！"之后，得到了老师和小伙伴的认可和鼓励，让她对自己有了自信，渐渐地就融入了集体。

给孩子讲这样一个故事，目的就是让孩子明白，害羞的孩子也可以变得很勇敢，只要大声和别人交流，就会受到大家的欢迎。

当然了，除了给孩子树立榜样之外，在改善孩子害羞的性格方面，父母还要认识到以下几点。

1. 接受孩子的不完美

每个孩子或多或少都存在某个方面的不足，害羞的孩子通常比较敏感，他们会担心、害怕自己的行为与别人不同，会在意他人的眼光，对自己总是产生怀疑。因此，父母要接受孩子的这些不完美，以鼓励、肯定的态度来建立孩子的信心，使其主动融入社交中。

2. 不要给孩子扣帽子

很多父母，为了自己的面子，就喜欢给孩子扣帽子。比如孩子不愿叫人，父母就说"孩子就是这样害羞""他平时见人就躲"等。父母越这样说，孩子越这么做。因此，不要再给孩子扣帽子，多给孩子一些鼓励吧！

3. 帮助孩子建立自信

害羞的孩子，通常是对自己不够自信，害怕自己在别人面前表现得不好，害怕自己出丑。所以，在陌生人面前他们会退缩，因为躲起来就安全了。因此，要改变孩子害羞的性格，就要帮助孩子从心底建立自信。

教养小贴士

克服羞怯最有效的方法之一就是想象游戏，游戏中的各种角色可以赋予孩子不同的特点，这些都是贴近现实生活，容易引起孩子局促不安或恐惧的场景。模拟这样的场景，有助于孩子正视自己的困难，并从中获得克服困难的经验。

学会友善地问好，是交朋友的基础

➡生活小场景

牛牛是一个大班的孩子，平时很傲慢无礼。见了熟人，心情不好就当作没看见，心情好就喜欢拿人寻开心。为此，大家都不喜欢他，牛牛却认识不到自己的问题。

有一天，上学的时候，牛牛刚走到校门口就遇见了小伙伴丽丽，丽丽穿了一件很漂亮的连衣裙，牛牛上前打招呼道："你太胖了，裙子都要被你撑破了。"

丽丽听了非常生气。一旁的牛牛妈妈非常尴尬，急忙对丽丽的妈妈说："太不好意思了，这孩子一点礼貌都没有，回去我好好管教管教。"回头看时，儿子已经跑进学校了。

还有一次，牛牛和妈妈逛超市回来，不巧在小区里遇见了王叔叔。妈妈赶紧拽着儿子的手说："来，向王叔叔问个好！"可没想到的是，牛牛哼了一声就走了。

妈妈见状赶紧给王叔叔赔笑脸。

回到家，妈妈严厉地斥责儿子道："妈妈对你刚才的表现很失望，难道老师没有教你在外对人要有礼貌吗？"

牛牛也生气地说："谁让您不给我买玩具，那个叔叔我不喜欢，为什么要叫他？"

妈妈听了又气又无奈，不知道何时能把儿子傲慢无礼的坏习惯给改掉。

➡ **小故事·说道理**

向人问好是日常生活中常见的行为，是孩子与他人交流的第一步，然而很多孩子的表现往往令父母头疼不已。比如案例中的牛牛，过于傲慢，就连向人问声好都牛气哄哄的，又有谁会喜欢跟他交流呢？

其实，父母应该认识到，孩子问好有这样或那样的问题是可以理解的，这不仅与孩子的心理有关，还与孩子缺乏父母的引导有关。因此，想让孩子学会向人问好，父母要科学地加以引导。

如果你的孩子见人也不愿问好，不妨给他讲一个故事：

向大山问好

有一个小男孩，无论见到谁，都不主动问好，别人都不愿与他交朋友，甚至十分厌恶他。妈妈对此很担心。

为了改变孩子的这个缺点，妈妈想了一个办法。

有一天，在户外游玩的时候，妈妈让他对着前面的大山喊："你好！你好！"等他喊完，就听到一个回声："你好！你好！"

接着，妈妈又让他喊："我喜欢你！我喜欢你！"小男孩依旧听到了回声："我喜欢你！我喜欢你！"

小男孩惊奇地问妈妈这是为什么。

妈妈告诉他："你朝着大山喊，大山就会回应你，如果你不出声，周围就会很寂静。所以，当你见到认识的人时，问一声好，别人就会热情地回应你；你不作声，别人也不会跟你交朋友。"

男孩听了，似乎明白了妈妈的教诲，从此开始热情地向人问好。渐渐地，越来越多的人喜欢他，他身边的朋友一下子就多了起来。

在人际交往中，问好是对他人的尊重。其实，每个人都渴望受到别人的尊重。当我们受到尊重时，心情就会舒畅；反之，内心就会不悦。一个懂得问好的人，必定会得到他人的喜爱。小男孩的妈妈就是想让小男孩明白，友善地问好才能收获朋友。

因此，在引导孩子向人问好的时候，父母们应该注意以下几个问题。

1. 让孩子学会基本的礼貌

向他人问好是一种有礼貌的行为，不管是孩子羞于向人问好，还是不屑于向人问好，都是不礼貌的表现。不懂礼貌的孩子又如何能交到朋友呢？所以，父母要及时纠正孩子不问好的不礼貌行为，这样才会获得他人的友谊。

2. 不强迫孩子向人问好

强迫孩子向人问好，会给孩子的心理造成巨大的压力，引导不好很可能会打击孩子的安全感和自尊心。孩子年龄小，面对陌生人时产生害怕、羞涩的心理是正常的。此时，如果孩子躲着，可适当进行引导，但千万不可严厉责备。

教养小贴士

在不同的场合，问好的方式也是不一样的，比如，在路上遇到熟人时，如果对方比较匆忙，那么问好就要简短明了；在路上远远地遇到熟人，距离远说话不方便，只要用手势或眼神示意就可以；等等。父母要做的就是引导孩子根据不同场合恰当地问好。

有趣的介绍更容易让人记住

暑假很快就过完了，军军将要开始一年级的学习生活了。在开学的第一节课上，老师要求同学们做一个自我介绍，让大家互相认识一下。

前面几位同学上台的时候，都比较拘谨，说了几句就下来了。

轮到军军的时候，虽然他有些紧张，但还是走上了讲台，然后不慌不忙地说："我叫军军，今年6岁了，长得有点黑，妈妈说是因为生我的时候没有洗干净……"

同学们听到这里都哈哈大笑起来，这时，军军接着说："不过，我妈妈也说了，黑一点儿不要紧，以后讲卫生、多洗澡就会变白的……"

教室里又响起了一阵笑声，就这样，当军军介绍完自己后，全班的同学都记住了他。

在日常生活中，孩子之间要进行沟通交流，自我介绍是少不了的，这是让对方了解自己最直接的方式。有的孩子在介绍自己时，能够有条有理，通过简洁的话将自己完美地呈现在他人面前；而有的孩子则语无伦次，对方听得一头雾水。

因此，引导孩子学会一些自我介绍的技巧是很有必要的，比如要注意以下两点。

1. 信息越丰富越容易被人记住

想要让别人记住自己，自我介绍的信息就要丰富一些。姓名、年龄、学校或班级、家庭、父母、爱好、理想等应尽量都做介绍。当然，有些内容可以有所侧重，不太重要的信息可以一笔带过。

2. 得体的举止更吸引人

自我介绍时要从容大方，这同样能够给人留下好印象。在孩子做自我介绍时，还要引导孩子配以丰富的表情和肢体动作，这更能加深人们的印象。

自我介绍的方式可以有很多，无论用哪一种，都是为了让别人更好地记住自己。在日常生活中，父母不妨对孩子进行一些相关的训练。比如准备各种模板，模仿各种场景做自我介绍，让孩子在训练中掌握技巧，提高说话能力。

在孩子的社交中，一个好的自我介绍非常重要。它不仅能让他人更好地了解孩子，也能让孩子对自己的基本情况进行总结，从而对自己有一个正确的认识。除此之外，自我介绍能够体现孩子的表达能力、逻辑思维能力。因此，父母千万不要认为孩子小就不必学这些正式的社交技巧，恰恰相反，从小培养孩子这方面的能力，会让他今后更加优秀。

牵线搭桥，为孩子提供交友的环境

静静刚入入小学，她很想多交一些朋友，但不知道如何与人交谈。眼看着其他同学都高高兴兴地玩在一起，她感到有些不知所措。

有一天，静静因为交朋友的事，回家后闷闷不乐，妈妈见状就上前关切地询问。静静终于把自己的烦恼说了出来。

这时，只见妈妈不慌不忙地拿出甜点，和女儿一起分享起来。接着说："静静，其实妈妈小时候也和你一样，不知道该怎么交朋友。只能自己一个人玩，感到很孤单，你是不是也有这种感觉？"

静静点了点头。妈妈继续说："后来，你外婆就教我要主动、勇敢一些，多加入同学的讨论和聊天中，之后，我的朋友就真的多了起来。"

静静似乎看到了希望，但又有些担心地问："真的吗？不会被拒绝吗？"

妈妈坚定地看着女儿并鼓励道："不试试，你怎么知道呢？当你释放善意时，同学也会因为你的友善而跟你玩。"

后来，由于静静的主动，她在学校再也不孤单了。

➡ **小故事·说道理**

孩子进入一个新环境，总是需要一段时间适应的。在这个过程中，快速地与人交朋友是融入集体的基础。不过，对于孩子来说，在陌生的环境中，学会交朋友并不是一件容易的事。就如案例中的静静，如果不够主动，不懂得技巧，便难以融入集体。

每个孩子都有自己的个性，有的孩子天生就是交际达人，在哪儿都容易与人打成一片；但更多的孩子在面对交朋友问题时都会遇到困扰。其实，不管孩子属于哪一种个性，也不管他是天生容易交朋友，或是具有侵略性，或胆小，父母都可以加以引导。

下面就让我们为孩子讲一个交朋友的故事，给他们勇气和鼓励。

孤单的小熊妮妮

小熊没有姐妹，也没有兄弟，她是爸爸妈妈唯一的宝贝。经常一个人在家里玩。只有爸爸妈妈有时间的时候，才会给她讲讲故事，或者带她出去捉蝴蝶等。

时间久了，小熊对爸爸妈妈说："我一个人在家里好无聊啊，要是有一个朋友就好了。"

听到小熊这么说，妈妈想了想，孩子这是需要朋友了。

于是说："那你应该出去找朋友，找一个能和你玩得来的小伙伴，这样就不会孤单了。"

小熊挠挠头说："就像您和苗苗阿姨一样吗？经常在一起聊天。"

妈妈笑着说："是的，你也应该找这样一个好朋友。不过，你交朋友的时候要主动一些哦！还有碰壁了也不要灰心哦！"

小熊听了，有些战战兢兢，因为她还没单独出过门呢，见了陌生的动物该说些什么呢？

一天，小熊出门了，刚好遇见了从树上跳下来的小松鼠。小熊就说："你好，我是小熊妮妮，我们可以成为朋友吗？"

小松鼠见小熊长得又高又大，非常害怕地说："不好意思，我在等朋友。"

小熊听了小松鼠的话，感到很失落，心想：交朋友并没有妈妈说的那么简单呀！就连小松鼠也不理我。

小熊怀着失落的心情继续往前走，来到一个池塘边，看见一群和自己长得一样的动物在玩水。于是鼓足了勇气走过去，说："我可以和你们一起玩水吗？"

其中一个说："你好，我叫乐乐，我们一起玩吧！""对，一起玩吧！"其他动物也附和道。

小熊妮妮可高兴了，原来交朋友也没有那么难，只要照着妈妈说的做就会成功的。从此以后，小熊妮妮每天都出来和这群小伙伴们玩，再也不用一个人在家了。

没有朋友的小熊妮妮是孤单的，只有鼓起勇气走出去，才会交到朋友。有了朋友，才会过得更加快乐。对于害怕交朋友的孩子来说，父母要多进行鼓励。因为善于交朋友，能够让孩子尽早学会社会交往技能，并在朋友中获得认同感，以及社会情感，这些对孩子的成长都至关重要。

讲故事是为了让孩子更好地意识到交朋友的技巧和重要性。在引导的过程中，父母应该多将自己的经验分享给孩子，为孩子多创造一些交友的环境，比如要求同学来家里玩，参加户外活动等。总之，尽可能为孩子交朋友牵线搭桥，这样孩子慢慢就会踏出交友的困境。

教养·小贴士

心理学家维果茨基说过："孩子的智力发展和社会化进程主要是在他们和比自己更成熟的社会成员一起活动、一起相互作用下逐渐完成的。"也就是说，孩子们在一起玩耍的过程中，学会了做事情，懂得了许多游戏规则和社会规则，他们的智慧增长了，社会化进程也循序渐进地完成了。可见，多交朋友对孩子的发展影响巨大，父母要多加以引导。

友谊的小船翻了，该如何弥补

　　欣欣和燕燕是很要好的一对小伙伴，平时经常在一起玩。有一天接欣欣回家的路上，欣欣对妈妈说："我不想跟燕燕玩了。"

　　妈妈问为什么，欣欣便气呼呼地说："妈妈，您知道吗？我和燕燕是最好的朋友，在学校里经常一起玩，可是，她今天竟然不理我。"

　　"哦，她为什么不理你呀？你有没有问她是为什么呢？"妈妈问道。

　　欣欣皱了皱眉说："早上玩积木的时候，我差一块就要搭好了，就拿了她一块积木，然后她就不理我了，也太小气了。"

　　"哦，欣欣，你想想如果别人拿了你一块积木，你会高兴吗？"妈妈反问道。

　　欣欣支支吾吾地低下了头。

　　妈妈接着说道："燕燕不理你，可能是因为她心里也不高兴。这样吧，明天上学的时候，你向她道个歉，她一定会再和你

107 ⬅

玩的。"

欣欣只好点了点头。

➡ 小故事·说道理

幼儿园阶段，孩子能够认识很多小伙伴，这个阶段也是孩子正式开始交朋友的阶段。对于即将向外发展的孩子来说，这也是很重要的社会化历程。这个年龄段的孩子，通常比较容易交到朋友。

不过，孩子之间的关系有时也会出现一些问题。比如案例中的欣欣和燕燕，因为一点小事而把友谊的小船弄翻了。她们本来是非常要好的朋友，会在意对方的反应、看法，但还难以用成熟的态度去面对友情所产生的问题，甚至还会因与对方争吵而影响心情，然后出现"我再也不理你了""不想跟你玩了"的负气想法。

因此，父母必须积极地引导孩子之间的关系，尤其是在孩子和小伙伴发生矛盾时应及时给予正确的指导。对于认识不到问题的孩子，我们可以讲一些身边的故事来影响孩子，让孩子改正自己的行为。

彼此误会的好朋友

张莉和小雪是一对非常要好的朋友，她们在同一所幼儿园上学，如今又一同升入同一所小学，从开学第一天起，她们就无话不谈，两个人有同样的喜好，比如爱看卡通漫画，喜欢听音乐等。两个人在一起，很开心。

然而，没过多久，情况就发生了些变化。

有一次放学了，张莉在校门口等小雪，等了好久也不见她来，张莉心想或许小雪有什么事情被耽搁了，于是就去了小雪的班上，没想到她却和小兰在聊天。张莉看见了，心里非常生气，头也不回就走了。

后来，张莉就不怎么理小雪了，总是借故说有事不和小雪一起上下学，下课也是找别的同学一起玩或是写作业，不再和小雪一起。

小雪不知道为什么张莉不理她了，感觉再也找不到之前在一起玩的那种快乐了，于是感到有些难过。

小雪把这件事告诉了妈妈。妈妈问道："你是不是做了什么事让张莉不高兴呢？"

小雪想来想去，突然叫了一声："啊！难道是上次我和小兰在一起聊天，把她晾在校门口了，所以她很生气？"

妈妈若有所思地说："很可能就是这个原因，你可以主动去问问她，然后跟她道歉。如果你实在不好意思，不妨写封信给她。"

于是，小雪密密麻麻写了两大张信纸，在第二天上学时把信交给了张莉。

张莉看完信后，才知道小雪那天是在教小兰做题目，她不禁想起妈妈和她说的话："给彼此空间，学会接受彼此的不同，这才是真正的友谊。"

后来，张莉找到小雪，说明是自己误会了她，二人的关系又恢复到了从前。

关系再好的朋友，也会有发生误会的时候。孩子之间的关系相对于成人来说要简单一些，但这并不意味着孩子能够很好地处理。很多时候还是离不开父母的引导。

面对不断闹矛盾的孩子，我们除了可以列举身边的例子来开导他们外，还可以帮助他们分析他们不断闹矛盾的具体原因，引导他们真正解决问题，告诉他们与人相处要懂得尊重、关怀他人。对于自己的错误要勇于承认，只要坦诚地对待朋友，就一定会获得对方的原谅，这样友谊才会长存。

教养小贴士

在交朋友的过程中，孩子总是会遇到各种问题。我们不妨找个家庭时间，与孩子讨论在与朋友相处上，自己最在乎以及最会被影响情绪的情况是什么。通过讨论来了解孩子对友谊的看法，并鼓励孩子分享自己的想法，在这个过程中给予孩子一定的指导。

第六章

面对挫折，不妨讲个故事给孩子听

　　挫折是孩子成长过程中必须经历的，在当下父母们都极度宠爱孩子的大环境下，如果孩子在受挫后得不到很好的引导，他们往往会失去自信，变得越来越脆弱。为此，对孩子进行正确的激励非常重要，而讲故事无疑是很好的方式。好的激励故事能够教会孩子如何正确面对挫折，并让孩子从中得到勇气，走出困难。

孰能无过，面对错误要坦然

每次给上幼儿园的孩子整理书包，都会发现书包里有一些玩具，可是明明早上的时候没带玩具去啊！一问才知道，是孩子从学校拿回来的。于是严厉斥责孩子，孩子因此而委屈哭泣。

"铃、铃、铃……"电话想起来了，原来是老师打来的。听了老师的话，只好非常客气地说："嗯……好的，老师，我们一定会教育他的。"原来是孩子在学校打人了。回到家，又是对孩子一通批评，孩子又委屈地哭起来。

家里新添了几个颇有艺术气息的花瓶，又精心挑选了些不错的插花，孩子喜欢得不得了。可是，没过多久花瓶就碎了一地，看着心爱的花瓶碎了，忍不住对孩子大喊大叫，吓得孩子不敢吭声。

刚刚买了几本好书，转眼间就被孩子当成了玩具，撕了好几页，心里的火就像火山一样喷出来……

……

生活中，有太多这样的情景，面对孩子犯的错，我们总是骂一通了事，给孩子的心理造成了极大的危害，又没能教会孩子正确地认识错误或避免错误。

➡ 小故事·说道理

古人云："人非圣贤，孰能无过？"每个孩子在成长的过程中都难免会犯错，犯错是孩子成长的养料，他们只有在"错误"之中才能一步一步走向"正确"。因此，孩子犯错不是最要紧的，关键的是父母如何处理孩子的错误行为。

通常，我们对待孩子犯的错误，大都是批评一通了事。其实，这种方法可谓错失良机。殊不知，当孩子犯错的时候，正是绝佳的教育时机，如果父母此时能够对孩子进行正确的教育，往往能收到事半功倍的效果。

那么，我们该如何引导犯错的孩子认识、改正错误呢？

首先，父母要明白孩子犯错背后的原因并告知道理，培养他们辨别是非的能力；其次，要能宽容地允许孩子犯错，而不是期望孩子成为凡事做对的人，如果只单单向孩子说"不可以""我说了算"等命令类的话，只会让孩子感到父母正行使大人的权威，而不能明白到底"为什么"不能做。当然，错误也就会一再发生了。

另外，在处理孩子犯的错误时，父母应辨析孩子的错误是因为"能力上的不足"导致的还是故意犯的，前者可以宽容对待，后者则要进行必要的惩罚。在引导的过程中，如果说教令孩子反感，我们不妨给孩子讲讲故事。

敢于认错的小兔子斯斯

夏天到了，小兔子可喜欢吃西瓜了。因为西瓜甜甜的，还很解渴。

一天，兔妈妈买了一个又大又圆的西瓜放在家里，然后就出去摘菜了，准备回来再和孩子们一起吃。

兔妈妈出门后，小兔子斯斯和一群小伙伴来到家里玩。小兔子斯斯一不小心把西瓜摔碎了，心里很不安。

正不知所措的时候，兔妈妈回来了，看到地上碎了的西瓜问："是谁把西瓜摔碎的？"

小松鼠说："不是我，我没有那么大的力气。"

小公鸡说："也不是我，我喜欢吃虫子，是不会去碰西瓜的。"

小猴子说："我一直和小松鼠在跳来跳去练舞蹈，也没有碰西瓜，小松鼠可以做证。"

兔妈妈望着小兔子斯斯问："不是你摔碎的吧？"

小兔子斯斯有些紧张地说："我……我……我一直很想吃西瓜，想把它抱下来，可是一不小心就掉到了地上，我不是故意的。妈妈，请原谅我！"

小兔子妈妈没再说什么，而是把摔成两半的西瓜洗干净后切成了小块，和孩子们分享起来，并说："你们都很诚实，尤其是斯斯，敢于承认自己的错误，奖励一块最大的西瓜。"

斯斯很意外没有受到妈妈的惩罚，还得到了奖励。

妈妈接着说：“每个人都会犯错，你们不要因害怕犯错受到惩罚，就不愿承认自己的错误，甚至回避错误，这是不受欢迎的。而敢于承认错误的孩子，才值得表扬。”

孩子们听了，都点点头，高兴地吃起西瓜来。

故事中，小兔子勇于承认自己的错误，值得孩子学习。兔妈妈的处理方式，则值得广大父母借鉴。当孩子犯错时，他们往往已经意识到了自己的过失，很多时候不愿承认错误，就是害怕受到父母的责骂。可见，父母的态度是能够左右孩子的行为的。

面对孩子的错误，需要我们站在他们的角度和立场换位思考，需要我们投入足够的时间、耐心和精力去关爱和照顾他们。这样，孩子犯错时才不会不知所措，才能在正确的引导下建立起对待错误的正确态度。

教养小贴士

面对孩子的错误，父母们经常拿成人的标准去衡量孩子。其实，这是要不得的。我们不妨观察一下“别人家的孩子”，看看同一年龄段和水平的孩子是如何表现的。这样，才不会只看到孩子的不足，从而正确地看待孩子的成长。

把拒绝当激励，孩子会更优秀

丹丹是个很乖巧的孩子，下个学期就要上大班了。

在开学的前几天，为了做好招待新生的工作，幼儿园都会提前几天开放以供家长们带着孩子来体验。这一天，丹丹也被妈妈领着过来了。

在自由活动的时候，妈妈看到丹丹想玩滑梯，可是滑梯上有几个丹丹的小伙伴也在上面玩。丹丹开始时有些胆怯，不敢上去。

妈妈看见了，对丹丹说："不要害怕，像其他人一样，慢慢爬上去。"

丹丹点了点头，开始上滑梯。这时，上面一个小朋友突然说："文文，丹丹要上来，要不要让她上来？"这时，只听文文果断地说："不让她上来，她是个胆小鬼。"

听到这里，丹丹"哇"的一声哭了起来，妈妈很吃惊，于是，耐心地跟文文说："小朋友一起玩儿不好吗？"

文文傲慢地说："原来我们很喜欢和丹丹一起玩，可她总要赖，我们就不跟她一起玩儿了。"其他几个小女孩也纷纷表示不愿意和丹丹玩儿。

丹丹哭得更厉害了，妈妈想不明白，在家里乖巧的女儿怎么在外面就不受欢迎了呢？

➡ 小故事·说道理

在我们通常的理解中，拒绝即"不答应，明确表示不愿意"，当一个人的兴趣、需要、愿望与某些事或某些要求不一致时，往往会表现为拒绝，孩子也不例外。

研究发现，拒绝作为孩子同伴交往中经常出现的一种行为，是孩子适应生活、学会生存的一种技能。虽然被拒绝会对孩子造成一定的心理伤害，但长远来看，其是有助于孩子发展的，因为被拒绝蕴含着丰富的教育契机。

在日常生活中，孩子们通常被大人、同伴或者其他人拒绝。面对拒绝，孩子可能会出现两种表现：一是被合理拒绝时，不停地为自己争辩；二是被不合理拒绝时，一味忍耐、接受，缺少争取的勇气。

这两种表现都说明孩子存在问题，需要父母进行正确的引导。告诉孩子，有时候被别人拒绝了，并不是自己不够好，也可能是别人不好，自己没有必要太难过。为了安抚孩子的心情，我们可以为孩子讲讲《丑小鸭》的故事。

丑小鸭

春天来了，天气渐渐暖和了，鸭妈妈卧在稻草堆里，等着她的孩子出世。

只见一只只毛茸茸的小鸭子从蛋壳里钻了出来，最后只剩下一个特别大的蛋没有反应。过了好几天，这个蛋才慢慢裂开，钻出一只又大又丑的鸭子。灰灰的羽毛，大大的嘴巴，大家都叫他"丑小鸭"。

因为丑小鸭长得丑，除了鸭妈妈疼爱他，谁见了他都欺负他。哥哥、姐姐咬他，公鸡啄他，小猫吓唬他，谁都拒绝跟他玩。丑小鸭很伤心，于是离开了家。

来到树林里，小鸟讥笑他，猎狗追赶他。他没有朋友，只好继续流浪……

有一天，丑小鸭来到了一个湖边，他忘记了烦恼，在水里游得十分高兴，便在湖边住了下来。可是冬天的时候，因为饥寒交迫，丑小鸭晕倒在芦苇里，被一位农民捡回了家。

第二年春天，丑小鸭离开了农民的家，又一次来到了湖边。这时，几只天鹅落在他的周围，直直地看着他。

"连你们也要嘲笑我吗？"丑小鸭心里想着，低下了头。只见湖水中自己的影子，竟是雪白的羽毛，长长的脖子，原来自己是一只美丽的天鹅！

丑小鸭试着张开宽阔的翅膀，向远方发出"鸣——鸣——"的鸣叫，飞向高高的天空。这时，鸭子、猫、公鸡仰望着天空，发出一声声赞叹："啊，多么美丽的天鹅！"

大家不知道的是，这只白天鹅就是曾被他们百般嘲笑的丑小鸭。

丑小鸭因为长得丑，所有的小伙伴都不欢迎它，它很伤心地一个人出走了。后来，丑小鸭长大了，变成了一只白天鹅。之前所有嘲笑它的同伴都羡慕不已。通过这个故事，我们可以告诉孩子，当不被别人喜欢时不要过于难过，或许这只是别人的问题，要相信自己是优秀的。下一次，自己就会交到更好的朋友。

教养·小贴士

值得注意的是，孩子经常拒绝别人也是不好的行为，这样的孩子往往也容易被同伴拒绝。也就是说，一个经常拒绝他人的孩子，别人也会对他产生反感，甚至不愿意与他相处，从而影响孩子以后人际关系的发展。因此，父母要正确对待孩子的拒绝行为，不纵容，适当加以引导，使之朝着有利于身心健康的方向发展。

即便失败了，也不要气馁

3岁的佳佳对积木很感兴趣，在一次玩积木的时候，她用积木搭建了一座漂亮的房子，可是就在她放最后一块积木的时候，积木哗一下全倒了。佳佳见了，哇哇大哭起来。

周末，和佳佳玩贴纸时，她对物品的观察能力和理解能力还不错，但手指配合的精细能力不足，所以图片贴的位置总不够精准，不是超出边框，就是位置不正，当妈妈想纠正她时，她很没耐心地说："妈妈贴，我不贴了！"然后她就把贴纸扔在了一旁。

在学校，佳佳平时表现很不错，可是最近一周没有得到小红花，心情有些不高兴。妈妈安慰她："没有关系的，一次没有得到不代表什么，下次努力就是了。"佳佳听了妈妈的话，一下子又哇哇大哭了起来。

······

生活中，佳佳对很多事情都缺乏耐心，一旦失败了就放弃，这让妈妈不知道该怎么办。

　　在孩子成长的过程中，孩子难免要面对失败。当比较小的孩子做事遇到挫折时，很多父母会认为孩子还没有能力做好这件事情，于是帮着孩子把问题处理掉，甚至让孩子放弃。其实，这种想法是不可取的，我们更应该让孩子去做力所能及的事情，即便他们失败了，也能够从中得到锻炼。

　　通常来讲，3~6岁年龄段的孩子，其行为能力发展迅速，他们会认为自己能够做好很多事情，因而往往不自量力，什么事情都想做，什么事情都敢做，不可避免地会因为一些事情做不好而产生挫折感。

　　比如，案例中的佳佳，搭积木的时候，由于积木搭得太高，一下子全倒了；贴贴纸总是贴不好；没有得到小红花；等等。这些在父母眼里可能只是小事，在孩子心里却是大事，一旦遭遇失败，他们就会退缩。

　　当孩子发现自己做什么事情都做不好的时候，心理是很需要父母的安慰的。这个时候，他们往往对自己的能力产生了怀疑，认为自己笨。其实，我们需要告诉孩子的是：无论自己面对怎样的失败，都不要否定自己，做自己就好。

　　如果父母不知道怎么安慰孩子，不妨给孩子讲一个青蛙弗洛格成长的故事。

我就喜欢我自己

弗洛格的梦想，就是成为一只最优秀的青蛙。

有一天，青蛙弗洛格坐在地上哭了起来，因为他看到鸭子会飞自己不会，觉得自己是一只很没用的青蛙。

于是，弗洛格花了一个星期的时间做了一对翅膀。戴上翅膀，他终于飞了起来。可是，没飞多久弗洛格就掉下来了。

老鼠走过来对他说："你要知道青蛙是不会飞的！"

小猪告诉弗洛格，他会做很多好吃的蛋糕，但是他要是在天上飞的话，可能会想吐。

于是，弗洛格又学小猪做起了蛋糕，可是却烧焦了。

后来，弗洛格找野兔借了书，可是根本看不懂。弗洛格觉得自己什么也不会，只是一只普通的青蛙，谁都比他聪明。

弗洛格站在河边，看着自己的倒影，它想：这就是我！我可以做个很大的青蛙跳，对，只有青蛙才做得到。

青蛙弗洛格想事事都能做成功，但结果事事都失败了，最后它才明白：我虽然不会像鸭子一样飞，不会像小猪一样做好吃的蛋糕，也不会像野兔一样读书，但我会游泳，会跳跃，绿色是我最喜欢的颜色，我是一只很棒的青蛙！

其实，很多孩子就像青蛙弗洛格一样，因为年龄小，又好强，很想尝试把事情做好，但限于自己的能力，大多数时候都失败了，于是不高兴，很自卑。其实，他们并不知道的是，自己也像青蛙弗洛格一样有着自己优秀的一面。

当孩子面对失败的时候，不妨大声告诉孩子：失败没什么，你还有很多别人没有的优点！做自己就是最好的！

需要注意的是，对于孩子的挫折教育不能"矫枉过正"。有些父母为了锻炼孩子，会特意制造一些"挫折"。其实，这是大可不必的，孩子从出生起就会不断遇到挫折。父母只需要引导孩子处理好日常生活中出现的每一次或大或小的挫折就好了，比如小到一次摔跤、一次打针，大到一次批评、一场比赛中被淘汰等，让孩子从中获得力量，就足够了。

面对他人的误解，别让孩子失落下去

➡️生活小场景

下午接孩子放学，在校门口远远地看见儿子一脸不高兴地出来。

"怎么了？儿子？"我关切地问道。

谁知，我这一问，孩子就委屈地哭了起来："今天玩积木的时候，明明积木是被蓝蓝弄坏的，结果她却说是我弄坏的，然后老师就把我说了一通。"

"那你不会解释吗？""我解释了，可是老师只说了一句'要爱护玩具'，就走了"说着他又呜呜哭起来。

"哭有啥用啊？要不我们去找老师解释一下？"我边说边拉着他往回走，可是儿子却站着不动。"怎么，不想去了？那你怎么解释自己是被误会的呢？"我催促道。

儿子终究还是不愿去解释，只好无奈地回家去了。

回到家，儿子依旧心情不好。我说："要不你给老师写一张卡片吧！在上面说积木不是你弄坏的！明天交给老师。"儿子点了点头。

第二天，我再去接儿子的时候，看见他满脸笑容，原来老师不仅向他说了对不起，还表扬了他的举动。儿子的不高兴早巳烟消云散了。

遭受别人的误解，是一件让人很委屈又很无奈的事情，很多时候会让人伤心难过。在孩子的日常生活中，最容易受到三个方面的误解。

（1）来自老师的误解。如果老师对孩子不能正确地评价，孩子就会感到委屈。

（2）来自小伙伴的误解。小伙伴之间产生误会，出现矛盾，好朋友一下子变成了仇人。

（3）来自父母的误解。父母乱施权威，孩子没做的事也断定是孩子做的。

孩子心理比较脆弱，如果被误解了不及时疏导，就很容易造成心理伤害。因此，父母平时要注意观察孩子的情绪状态，如果孩子因被别人误解而出现负面情绪，父母要及时进行引导帮助化解，比如，可以讲一个暖心的故事给孩子听。

小兔子的误会

小兔子和小猪是一对好朋友，它们经常在一起玩。

有一天，下雨了，路上都是泥泞的水坑，小猪高兴极了，在水坑里跳来跳去，还打起了滚，溅了一旁的小兔子一身泥。小兔子很不高兴地说："小猪，原来你这么不爱卫生，脏兮兮的，我不跟你玩儿了，说完就走了。"

"呜呜呜……"小猪一个人在泥坑里哭了起来。

牛伯伯正好从路边走过，看见小猪，就问："小猪，你怎么一个人在这里哭啊？"

"牛伯伯，小兔子说我不爱卫生，一身泥巴，脏兮兮的，就不跟我玩儿了！"小猪哭着说。

"哦，小兔子可能不明白你为什么要在泥巴里打滚吧！它一定是误会你了，我们去向她解释吧！"牛伯伯说。

小猪抹了抹眼角，站起来说："好吧，我们一起去。"

于是，小猪跟着牛伯伯来到小兔子的家，牛伯伯对小兔子说："在以前，猪是靠自己寻找食物的，需要寻找生长在地下的块茎和根吃，所以才有了长长的鼻子。猪用鼻子把土拱开，才能吃到食物，同时也吃些泥土，以取得所需的各种矿物质。这种习惯就一直保存到了现在，所以小猪们都很喜欢在泥土里玩耍。"

小兔子听了，惭愧地对小猪说："是我错怪你了，对不起，你能原谅我吗？"

小猪高兴地说："当然了，我们可是好朋友呀！"牛伯伯在一旁，欣慰地笑了。

很多时候，孩子可能并没有错，只是被别人误会了。就像故事中的小猪被小兔子误会一样，是小兔子不了解小猪的生活习性。因此，当孩子被人误会的时候，为了不让孩子心情失落，作为父母，一是要想办法化解孩子与他人的误会，二是要给孩子讲一些暖心的故事。让孩子明白，谁都会有被误会的时候，只要自己没错，就应该保持愉快的心情。

教养小贴士

一个人成长的过程中难免会受到各种各样的误会。也难免会有愤怒、伤心、失望等情绪。作为父母，我们切不可因为孩子受到委屈而贸然替孩子去找他人理论，不如给孩子一个机会，让孩子试着自己去解释和处理，当孩子无法独自处理的时候，我们再给予帮助。

让孩子在失去中懂得珍惜

放学回到家，萱宝突然哭了起来，我问她这是怎么了，她说贴在手臂上的贴纸不见了。

接她的路上，也没注意看她的贴纸，可能在路上蹦来蹦去的时候弄丢了。

萱宝发现贴纸不见了，就大哭起来，大颗大颗的眼泪滴下来。她伤心地说："妈妈，我的贴纸没有了，我最喜欢的贴纸，老师给我的贴纸，他下次都不会给我啦，只给其他小朋友，我最喜欢的小红花贴纸没有了……"

我赶紧安慰说："没关系的，只要表现好，下一次老师一定还会发给你的。"

可是，不管怎么说，萱宝就是哭个不停。

看见萱宝伤心的样子，我都不知道该怎么安慰她了，孩子也会为自己失去的东西而难过。

　　在日常生活中，孩子的一个玩具弄丢了，贴画不小心撕坏了，就哭得梨花带雨。在成人看来这只不过是一件小事而已，可在孩子的心中那就是天大的事。玩具或者贴纸是孩子心爱的东西，在他们心里就像是自己的小伙伴一样重要。如果弄丢了，自然是很伤心的。

　　那么，当孩子弄丢了自己心爱的东西而伤心难过时，我们该怎么办呢？通常来说，我们可以采用以下几种方式来应对。

1. 安慰式

　　这是父母们最常用的方式，孩子伤心难过最需要的就是有人安慰。比如，我们可以对孩子说"不要哭了，我们一定可以找回来的"，或者"没关系，弄丢了再买个新的就好了"。这种方式很多时候都能够起到有效的作用。

2. 希望式

　　当孩子弄丢的东西无法找回时，除了安慰之外，我们还要用希望的口吻引导孩子吸取教训，下次不再犯。比如对孩子说："别难过了，我们吸取教训，下次不要再弄丢了。"

3. 分担责任式

大多数时候，孩子丢东西主要是自己造成的。这个时候，不仅要让孩子认识到自己的责任，还要适当地替孩子分担一些责任，让伤心的孩子好受一些。比如，对孩子说："这不是你一个人的错，我应该多嘱咐你的，别自责了。"

在引导孩子不要难过的同时，我们还应该让孩子意识到自己的一份责任。东西弄丢了，难过是没有用的，必须从中吸取教训和获得一定的启发。为了让孩子深刻地记住教训，还可以讲一些儿童故事，比如《丢失的灰灰》。

丢失的灰灰

灰灰是一只非常可爱的小狗狗，他是凡凡最好的伙伴，每次凡凡放学后都要和灰灰一起出去玩儿好一会儿。

有一次，凡凡和妈妈出去买东西，灰灰也跟着去了。

来到商店里，妈妈和凡凡进了商店，让灰灰在门口等着。

灰灰蹲在门口，想：主人买东西应该要很长一段时间，我何不出去玩儿一玩儿呢？怀着这样的想法，灰灰离开了门口，走入了人群。

灰灰来到了一个广场，看见了很多小朋友，有的在玩皮球，有的在踢毽子，热闹极了。灰灰在其中穿来穿去，好快活啊！

突然，一只蝴蝶从灰灰的头顶飞过，灰灰好久都没见过这么美丽的蝴蝶了，于是朝着蝴蝶追去。

跑过了草丛，又跑进了树丛，最后蝴蝶不见了，灰灰却迷路了，他感到周围是那么陌生，使劲地"汪汪……汪汪……"叫了好几声，也没有人回应。

灰灰一路跑啊，跑啊，怎么也找不到回去的路了，眼看天就要黑了，灰灰急得到处乱跑……

后来跑累了，就趴在路边的小亭子里。天渐渐黑了，灰灰感到很孤独，很害怕。夜晚的风很冷，灰灰冻得瑟瑟发抖，又饿又困，不一会儿就闭上了眼睛……

等灰灰醒来的时候，发现身边多了好多同伴，原来他被人送进了宠物收容所。在这里，有好吃的，有同伴，可是灰灰却一脸失落，离开了凡凡，他一点儿也不开心，但他不得不在这里住下来，因为他失去了主人。

故事中，灰灰因为贪玩迷路了，从此离开了主人，再也回不去了，他很伤心，很难过……

我们可以通过这个故事告诉孩子，如果不爱护自己的物品，把他们弄丢了，不仅自己会感到伤心难过，丢失的东西也会难过。如此一来，孩子才会懂得好好看护自己的东西，学会承担责任。

当孩子由于各种"意外"而丢失了自己心爱的东西时，父母最重要的任务是化解孩子的负面情绪，而不要指责、批评、埋怨，那样不仅于事无补，甚至还会引发出新的矛盾和激烈对抗。事后，再传授给孩子解决问题的方法，事后加强总结和反思，这样孩子才会有所收获。

第七章

孩子厌学，巧借故事激励效果好

➡

　　学习是孩子日常生活中重要的事情，也是父母很关注的事。当下，在学习环境的影响下，在父母的高压下，很多孩子渐渐产生了厌学情绪。面对这种情况，大多数父母都感到有心无力，束手无策。其实，对于孩子的这种情绪，只要正确引导，是能够纠正过来的，故事激励法就有很不错的效果，它能告诉孩子为什么要努力学习，激发孩子学习的兴趣。

孩子厌学的原因及对策

李玲今年6岁，是一名一年级的学生。在幼儿园时，她表现还算可以，但由于性格内向，不爱说话，她的朋友并不多。

后来上了一年级，面对陌生的环境，她几乎就没有朋友了，常常是一个人独来独往。课余时间也只是坐在位子上和同桌说说话，很少与同学一起玩儿，或是到教室外面游戏，因此经常无法融入同学谈论的话题中。

最近几次考试，李玲的分数都比较低，回到家难免受到父母的责骂。

渐渐地，李玲对学习的态度发生了变化，上课开始不认真听讲，对学习越来越提不起兴趣，到后来厌学情绪越来越严重，产生了不想去上学的念头。

父母知道情况后，找到女儿就是一顿责骂，说："听老师说，你上课都不认真听讲，难怪会考不好，以后周末都别玩了，在家认真复习。"

李玲听完，很委屈，话也不说，就跑到房间里去了。

近几年来，孩子的厌学情绪越来越严重，不仅范围广，表现也很复杂，比如上课不听、不记、不做练习等。不仅让老师很无奈，更是让父母操碎了心。我们不禁要问，孩子到底为什么会厌学呢？

其实，厌学最初只是孩子心理的一种潜意识情绪反应，是一种身不由己的强迫性条件反射，孩子来不及控制，也是不能控制的，就像着凉感冒。如果不及时介入，潜意识厌学就会演变成意志性厌学，就像感冒发展成肺炎。

由此可见，厌学并不是孩子偷懒这么简单，它是一种学习障碍，有深刻的心理原因。然而，大多数父母不了解这种潜意识反应的特点，认为孩子厌学就是偷懒、不懂事、没有责任感，还要逼迫孩子接受，这不仅对孩子没有帮助，还会加剧孩子的厌学情绪，形成恶性循环。

因此，父母必须了解孩子厌学的原因，然后采取相应的措施。

1. 父母要求过于严苛

越来越多的父母认识到文化知识的重要性，于是寄希望于自己的孩子，希望他们变得优秀。在孩子学习上要求十分严格。这种长时间的压力，孩子难以承受，厌学心理就产生了。

2. 孩子自身问题严重

比较贪玩，学习成绩差，上课跟不上老师的节奏，时间一长就会对学习感到乏味。他们感受不到学习带给自己的成就感和快乐，反而觉得学习是一件苦差事，但是迫于老师和父母的压力，学习就变成了一件不得不做的事情。

此外，孩子厌学还有可能是受到不良环境的影响，比如经常和不爱学习的孩子或是社会人士交往，迷恋上其他更感兴趣的事情；或者是和师生的关系不好，因厌恶而不愿上学。面对这些因素，作为父母，可以采用以下方法培养孩子对学习的热爱。

1. 改变教养观念和方式

家庭教育对孩子的成长起着决定性的作用，一旦缺失，是难以补救的。孩子的许多问题都源于早期的家庭教育，矫正孩子的问题就要从矫正家庭教育方式入手。比如要想矫正孩子的厌学行为，就要改变家庭教育方式。父母想要让孩子喜欢学习，就要对孩子温和一些。

2. 为孩子适当减压

厌学是一种痛苦的心理体验，会导致孩子出现失眠、头痛等症状，这说明孩子心中积累了大量的负面情绪，如果不加以引导就会有精神崩溃的可能。所以，父母要理解孩子，并适当给孩子减压，如减少补习班的课程，让孩子紧张的情绪得到释放。

3. 帮助孩了消除自卑心理

要想让孩子喜欢读书，就要设法让孩子体验到学习带来的喜悦和成功感。因此，不妨对孩子的进步及时给予肯定、表扬和鼓励。如果孩子的某门功课之前一直不及格，但这次经过努力及格了，我们就应该给予充分的肯定，这样才能点燃孩子自信的火焰。

4. 制定适合孩子的学习目标

孩子的智力和能力是存在差别的，因此制定学习目标时要根据孩子的具体情况而定，不要与其他孩子攀比。要根据孩子的能力制定适合他的目标，这个目标是他跳起来就能摘到的"桃子"，而不是树顶的"桃子"。这样孩子才不会因为达不到目标而失去学习的兴趣。

教养小贴士

如果孩子的厌学情绪十分严重，父母必须进行有效的心理咨询和干预，比如合理情绪疗法、强化法以及认知疗法等，通过改变孩子的认知和行为，转变其对学习的看法和态度，引导孩子正确认识自身存在的问题，让孩子学会提高自我管理和控制能力，激发学习兴趣，消除厌学情绪。

孩子逃学，该如何重燃孩子的学习热情

➡ 生活小场景

张伟在上幼儿园的时候，表现得非常优秀，大家都夸他是个聪明的孩子。可是，一升入小学，张伟在学习上的表现就发生了很大的改变，成绩开始逐渐下滑，原来张伟学会了逃课。

刚开始，张伟只是偶尔不来上课，因为学校大门在非上学、放学时间不开，所以张伟逃课出不去，就躲到学校的某个地方玩儿一两节课再回来。后来，张伟就溜出去一整天，谎称自己生病了，还让妈妈给他请假。

张伟有时在家好好的，一到学校门口就说肚子疼或头疼，妈妈只好和老师请假再把他带回家。这样的次数多了以后，妈妈也觉得奇怪，为什么张伟总是生病呢，就带着他去医院，可是医生却说孩子没有任何病。

反复几次之后，妈妈就觉得不对劲。于是，有一次张伟在校门口说肚子疼，妈妈没管他，硬是强行把他送到班上，结果老师检查作业，发现张伟没有完成。后来才知道，张伟是因为没有完成作业害怕去上课。

　　逃学是很多孩子都有过的经历，他们或是谎称"生病"，或是无缘无故就不去上课。甚至有的孩子真的会出现呕吐、发烧等症状，但是只要不去上学，这些症状很快就好了，这种表现我们称为儿童逃学综合征。

　　不过，儿童逃学综合征只是极个别的孩子会出现，大部分的孩子逃学都不是因为身体不舒服。因此，父母想要让孩子不逃学，就要找出他们逃学的原因，具体来说，孩子逃学主要有以下两个原因：

　　（1）孩子贪玩，对学习之外的很多事情感兴趣，加上其他同伴的怂恿，孩子经不住诱惑，就一起逃学出去玩了。

　　（2）孩子成绩不好，父母或老师不断施加压力，给孩子造成了严重的心理负担和精神压力，让孩子畏惧学习，从而出现逃学行为。

　　面对逃学的孩子，大多数父母只会一味责怪孩子，这样不仅起不到好的效果，还会产生负面的影响，让孩子逃学更加频繁。对此，父母应该改变打骂孩子的教育方式，给孩子讲讲道理，说说故事，帮孩子树立对学习的自信。

逃学的小猴子

　　小猴子桃桃是一个聪明调皮的孩子，在动物学校是出了名的捣蛋鬼。因为他不仅上课打瞌睡，有时候甚至逃学出去玩。

　　一天桃桃又逃学了，牛老师把他叫到了办公室。桃桃心里很紧张，害怕牛老师会批评他，可是出乎他意料的是，老师并没有骂他。

牛老师和蔼地给桃桃讲了一个故事："从前，有个叫孟轲的孩子，上学的时候，觉得学习太累，经常逃到外面去玩耍，就像你一样。"桃桃听了很不好意思，还问了一句："最后孟轲怎么样了？"

牛老师接着说："有一天，孟轲又一次逃学了，他的妈妈知道后，非常生气，就把织好的布剪断了，说：'你不好好读书，就像这剪断的布一样，没有任何用处。'从此以后，孟轲便开始认真学习，最后成了一个非常有学问的人。"桃桃听了，不好意思地低下了头。

牛老师摸着桃桃的脑袋说："你很聪明，如果也能像孟轲一样改正错误，认真学习，也一定会成为像他一样了不起的人。"

桃桃听了，终于认识到了自己的错误，之后再也不逃学了。

故事中，喜欢逃学的小猴子被老师发现后，老师并没有批评他，而是通过一个故事，让他意识到只有认真学习，将来才能成为了不起的人。处理孩子逃学，这种方式也是值得我们学习和借鉴的，用故事激励孩子对学习的兴趣，是一个值得长期坚持的事。

同时，在面对孩子的逃学问题上，父母还应该注意以下一些处理方式。

1. 试试"冷处理"

如果得知孩子逃学后，对孩子大喊大叫，会让孩子更加叛逆，不如静下心来，找个时间跟孩子谈谈心，找出孩子逃学的动机和原因，继而给孩子讲讲道理，进行积极引导。

2. 管教不过于严肃，给孩子自由时间

家教过于严厉，会给孩子造成巨大的心理压力。比如要求孩子要考多少分，一旦目标没有实现就开始责骂，总是把孩子的时间规定得死死的，孩子一旦承受不住就会逃离。因此，父母不妨多给孩子一些时间自由支配，孩子的压力得到释放，自然就不会逃学了。

3. 引导孩子结交热爱学习的朋友

环境也会影响孩子的行为。如果孩子经常与爱逃学的同伴混在一起，就很有可能会受到不良影响。因此，父母一定要注意让孩子与爱学习的同学交朋友，这会更有利于激发孩子的学习兴趣。

教养小贴士

孩子逃学的行为虽然令父母十分头疼，但是，父母也不要看到孩子逃学就不分青红皂白地批评、责骂孩子。要知道逃学的孩子正处在叛逆期，如果父母这样做，只会增加孩子的厌学情绪和逆反心理。

科学辅导不愿写作业的孩子

暑假已经过去一半了，可是一看君君的暑假作业，我的心里就堵得慌。

可是，看着活泼可爱的君君，心中的气就如同拧开了的气门芯，嗤的一声消失得无影无踪。翻开孩子的暑假作业，只见除了前面几页写了寥寥几个字外，其余是大片大片的空白。

暑假里，每次要孩子写作业，她都假装在认真地写，可是写不了几分钟就"原形毕露"，为了让她认真地写作业，我真的是使出了浑身解数，也绞尽了脑汁，可都是白费力气，不起半点作用。

一天晚上，我走进她的屋子，准备辅导她写作业。我把她叫到书桌前坐下，翻开她的暑假作业，想辅导她做几页。但她坐在凳子上如坐针毡，桌面上一大堆东西杂乱地摆放着，她从中找支笔找了半天，然后把暑假作业翻来翻去，做一会儿又跳到另一页去了，看得我怒火中烧。

于是，我耐住性子说："你到底想做哪一页，选好了就不要翻来翻去，遇到不会做的题要想办法解决，怎么能就这么跳过去呢？"

女儿反驳道："不会做的当然留到最后来做了，现在做难的根本就做不下去。"

为了让女儿能继续做作业，我也就没有再说什么。可是，在接下来的时间里，女儿一会儿玩玩笔，一会儿拿起桌面上的娃娃看一看，一会儿要去喝水，一会儿又要上厕所。我实在是看不下去，最终还是让她自己做去了。

为什么孩子就这么不爱写作业呢？

➡ 小故事·说道理

写作业是学习过程中的一个重要环节，对于孩子而言，完成作业的过程就是对所学知识巩固与运用的过程，也是孩子自我学习的过程。孩子逃避作业、少做作业甚至不做作业是令父母头疼的事情。那么，为什么孩子会不爱写作业呢？

1. 缺乏好的学习习惯

好习惯能够引导孩子的行为，如果孩子从小有做事拖沓的不良习惯，那么这种习惯也会带到学习上来，导致孩子在写作业时拖拖拉拉，不能及时完成，使得作业越积越多，最后不写作业也就很正常了。

2. 学习能力薄弱

有的孩子自身学习差一些，掌握知识的能力薄弱，面对看起来很简单的作业，独立完成也感到非常吃力，更不用说有难度的了，这种畏难的情绪客观上也造成了孩子难以完成作业，干脆就不写作业了。

3. 意志力薄弱，贪玩

当下，有太多吸引孩子眼球的事情，尤其是网络和手机，有些孩子心里想的不是如何完成作业，而是如何赶紧完成作业，挤出时间去玩手机、游戏等，严重的甚至就不做作业了。

知道了孩子为什么不写作业，那么引导孩子爱上写作业也就有了思路。也就是说，要改变孩子不写作业的现象，一定要抓住关键，培养兴趣。具体可以从以下几点做起。

1. 让孩子歇一歇，再做作业

很多父母在孩子放学一回到家，就催促他们"快去写作业，写完好吃饭"。其实，孩子在学校上了一天的课，回来就想轻松一下，如果父母一见孩子的面就嚷嚷着要他写作业，孩子肯定是反感的。不如换一种方式，对孩子说："孩子，先去玩儿吧，半个小时之后我再叫你写作业。"或者先让孩子吃点点心，这样孩子或许更能接受。

2. 把布置的作业分类

过于繁重的任务，往往很容易让人退缩。父母可以教孩子把作业任务进行分类，写作业前先自己规划一下。比如把书面作业放在前面进行，背诵的在临睡前记忆。或者是写一会儿背诵一会儿，这样就不会过于疲劳和枯燥了。

3. 合理安排作业的顺序和时间

先让孩子做简单和感兴趣的作业，这样做起作业来就会得心应手，而且效率也高，往往三两下就可以完成，然后再转入复杂的科目，即使不所向披靡，起码也好得多。另外孩子连续做作业的时间最好在30分钟左右，休息时间则以5~10分钟为佳。

任何事情只要想办法就能够得到解决，对于孩子不爱写作业的问题，父母也不必过分焦虑，不妨试试以上措施，或许孩子不爱写作业的情况就会从此得到解决。

教养小贴士

父母要学会换位思考，允许和倾听孩子的抱怨，并告诉他："爸爸妈妈是过来人，知道你写作业很累，但爸爸妈妈相信你能够完成。"当孩子得到理解之后，就不会对父母的监督感到反感了，甚至会主动去完成作业。

用故事激励孩子爱上读书

文婧是一位一年级的学生，虽然她是一个女孩，却像男孩一样爱玩儿。学校生活对她来说非常枯燥无聊，一上课就病恹恹的，一下课就疯得没边。她最喜欢的就是体育课了，因为体育课上，可以和同学们玩儿各种各样的游戏。

每天放学回到家，文婧更是连书都不沾，不是看电视就是出去玩儿，有作业的时候也是应付了事。尤其是每到周末的时候，她总是设法邀同学一起出去玩儿，一出去就是一整天不见人影。对此，爸爸妈妈也很无奈。难道孩子天生就不是读书的料吗？

后来，文婧的学习成绩越来越差，这引起了爸爸妈妈的重视。于是，为了改掉文婧贪玩的习惯，他们苦口婆心地教导文婧要好好学习，不能总是贪玩。还告诉她：如果现在不好好读书，将来就只能干苦力。

然而，一系列措施下来，效果并不理想，甚至有些糟糕，文婧对学习越来越反感。这下可把爸爸妈妈急坏了。

为什么总是有些孩子不喜欢读书呢？因为孩子并不知道读书对自己会有什么好处，他们只知道读书是一件很苦、很累的事。因此，父母必须首先让孩子明白读书的好处。歌德说："读一些好书是和许多高尚的人谈话。"读书对孩子有潜移默化的影响。

对于不爱读书的孩子，我们应该与孩子虚心交谈。在这个过程中，不要只是对他们说教，强调读书对他们如何重要，而要与孩子共读，了解一些历史名人是如何通过读书改变命运的，让故事的主人公影响孩子的行为。

宋濂的读书热情

宋濂小时候家里很穷，没有钱买书，就只好从别人那里借书看。每次借书，他都说好期限，并在规定的时间内准时还书，从不违约，因而大家都很乐意把书借给他。

有一次，他借到一本书，越读越爱不释手，便决定把它抄下来。但是眼看借书的日期就要到了，只好连夜赶抄。这个时候正值隆冬时节，滴水成冰。母亲见他半夜还在抄书，便说："孩子，这么寒冷，还是明天再抄吧！人家也不急着看。"

宋濂一边抄一边说："不管人家急不急，到期限就要还。更何况这书对我太重要了，我必须把它抄下来。"母亲听后，只好先去睡了。

又一次，宋濂要去远方向一位老师请教，并约好见面日期，谁知出发那天下起鹅毛大雪。当宋濂准备启程时，母亲惊讶地说："这样的天气怎能出远门呀？再说，老师那里早已大雪封山了，你穿得这么单薄怎能抵御住严寒呢？"

宋濂说："娘，今天如果不出发就会耽误拜师，这样我就学不到知识了，为了学识，风雪再大，我也得上路。"当宋濂到达老师家里时，老师称赞道："年轻人，对学识能保持如此的热情，将来必有出息！"

后来，宋濂果真成了明朝著名的政治家、文学家、史学家、思想家。与高启、刘基并称为"明初诗文三大家"，又与章溢、刘基、叶琛并称为"浙东四先生"。更被明太祖朱元璋誉为"开国文臣之首"，学者们称其为太史公。

许多古代名人家境贫寒，但他们有一颗对读书的热爱之心。他们相信，只有读书才能够改变自己的命运。而今，大多数孩子的家庭都比较宽裕，他们习惯了享受快乐，对于读书这样的事经常喊苦喊累，这就需要父母平时进行教育引导。

对于不爱读书的孩子，除了要让孩子明白读书的意义外，我们还可以采取以下方法。

1. 激发孩子读书的兴趣

兴趣是一个人能量的激素，它有着神奇的力量。只要培养孩子对读书的兴趣，他们就会不再觉得苦，甚至忘记劳累。因此，父母可以抽点时间和孩子一起阅读，从孩子感兴趣的书籍开始，逐渐培养孩子对读书的热爱。

2. 让孩子多体验生活

有些孩子之所以觉得读书苦，是因为平日里生活优越，体会不到生活的不易。对此，父母不妨让孩子多参加一些劳动，或是带孩子了解一些岗位的日常工作。孩子切身体会到工作的辛苦之后，就会对读书有新的认识。

教养小贴士

读书不仅需要极大的热情和努力，掌握正确的方法也很重要。有了正确的方法，读书会变得很轻松；而一旦方法错了，费了力却学不好，最终将失去兴趣。因此，父母千万不能忽视对孩子读书方法的引导。

告诉孩子，学习专注才能学有所成

对于孩子不专注学习的情况，许多父母常常这样抱怨：

女儿刚上大班，就已经开始学写字母了。每次放学回来，老师都会布置写字母的作业。晚上吃过饭，我就把女儿叫到桌子前教她写字母。可是，要女儿写作业比什么都难，比如叫她过来桌子前坐下都要磨蹭半天，写的时候，一会儿说这里痒，一会儿说要喝水，真是拿她没办法。

我儿子今年上一年级，对学习没有兴趣，尤其不爱写作业，每天晚上我都要坐在书桌的一头，像监视犯人一样看着他写作业，一旦离开他就心不在焉。可是，在我的监视下儿子愁眉苦脸，唉声叹气，学习起来总是不情不愿，效率也相当差。

孩子上幼儿园时活泼大方，整天叽叽喳喳，每天睁开眼的第一件事就是嚷着要去幼儿园。然而，如今刚上小学，整个人就像霜打的茄子一样全蔫了，不愿再去上学。和老师沟通后才知道，原来孩子上课的时候总是讲话，还经常发呆，被老师骂了好几次。孩子从此厌烦学习，不想去学校了。

为什么总是有这么多孩子学习不专注？相信这是大多数父母烦恼的问题之一，下面就让我们来分析原因和对策，给父母们一点借鉴。

➡ 小故事·说道理

专注力是指一个人专心于某一事物或者某一活动时的心理状态。在学习的过程中，很多孩子集中注意力的时间非常短，经常做些小动作。其实，这些都是孩子学习时注意力不能持久集中，专注力涣散的表现。

一般来说，学习时保持精力高度集中、专心致志，有利于孩子把所有精力集中地投入正在进行的思维活动中，使思维在特定的问题上处于最佳的激活状态，从而让孩子的大脑能够高效地进行工作。对于很多孩子来说，学习不好主要在于不够专注。

因此，当我们发现孩子学习总是心不在焉的时候，应该对他们进行必要的引导。比如，可以通过讲一些名人专注学习的故事来激励孩子，给他们以榜样的力量。

专注于写作的莫泊桑

　　法国作家莫泊桑，从小就表现出了非凡的聪明才智。一天，莫泊桑跟舅父去拜访他的好友福楼拜。舅父想推荐福楼拜做莫泊桑的文学导师。可是，莫泊桑却骄傲地问福楼拜会些什么，福楼拜反问莫泊桑会些什么。

　　莫泊桑得意地说："我什么都会，只要您知道的，我都会。"

　　福楼拜不慌不忙地说："那你就先跟我说说你每天的学习情况吧。"

　　莫泊桑自信地说："我上午用两个小时来读书写作，用两个小时来弹钢琴，下午则用一个小时向邻居学习修理汽车，用三个小时来练习踢足球，晚上，我会去烧烤店学习怎样制作烧鹅，星期天则去乡下种菜。"

　　说完后，莫泊桑得意地反问："福楼拜先生，您每天的工作情况又是怎样的呢？"

　　福楼拜笑了笑说："我每天上午用四个小时来读书写作，下午用四个小时来读书写作，晚上，我还会用四个小时来读书写作。"

　　莫泊桑不解地问："难道您就不会别的了吗？"

　　福楼拜没有回答，而是接着问："你究竟有什么特长，比如有哪样事情你做得特别好？"

　　这下，莫泊桑答不上来了。于是他便问福楼拜："那么，您的特长又是什么呢？"

福楼拜说："写作。"

原来特长便是专心地做一件事情。莫泊桑于是下决心拜福楼拜为文学导师，一心一意地读书写作，最终取得了丰硕的成果。

这个故事告诉孩子，不仅要认真学习，更要专心地去学习。莫泊桑兴趣广泛，学习各种知识固然值得肯定，但福楼拜一心写作，这更是难能可贵的。很多时候，学习的成功源于长期的坚持。因此，对于不专心学习的孩子，我们还要通过以下几点来引导。

1. 给孩子的学习时间定时

孩子的自我控制能力比较弱，因此，父母可以给孩子的学习时间定个时。比如，写作业要用15分钟，那就定好15分钟，只有等到定时器响了之后，才能去做别的事情。当然了，这个过程刚开始的时候会有些难熬，但是只要坚持一段时间，就会成为孩子学习的一种习惯。

2. 排除学习环境的干扰

干扰学习的因素无处不在，好玩的、好吃的、新奇的、刺激的，一切能进入孩子的视线和听觉范围的因素，都能转移孩子的注意力。为了不受到干扰，父母应该排除那些可以引起孩子转移注意力的事物和人，如玩具、电视、小说等，给孩子安静的学习环境。

3. 学习要劳逸结合

会学习更要会休息，父母应该根据孩子注意力的起伏和变化规律，建立主动学习和积极休息的合理时间及间隔时间。比如学习30分钟，休息10分钟。因为当大脑过于疲劳时，注意力就会下降，这个时候就需要停下来休息。如果强行学习，效率肯定是不高的。

教养·小贴士

良好的专注力是大脑进行感知、记忆、思维等认识活动的基本条件，对孩子的学习以及成长有着显著的影响。不过，培养专注力不是一朝一夕的事情，需要有耐心。父母要认识到，具备专注精神的孩子，才能成为未来的合格人才。

第八章

在故事中成长，陪孩子度过青涩童年

孩子对自我的认识很多时候都处于朦胧状态，无论是三岁的孩子问自己是怎么来的，还是十几岁的孩子对青春期的困惑，这些都是孩子不了解自我的体现。因此，引导孩子正确认识自己是健康成长的必要条件。然而，这样的问题往往不便于直接讲出来。对此，借用故事来描述再恰当不过了。

正面告诉孩子"我从哪里来"

➡生活小场景

有一天，妮妮突然问："妈妈，我是从哪里来的呢？也像孙悟空一样从石头缝里蹦出来的吗？"

妈妈笑着说："你怎么可能是从石头缝里蹦出来的呢，那都是神话故事，你是从妈妈肚子里出来的！"

只见妮妮歪着头说："可是，我到底是怎么进入妈妈肚子里的呢？"

爸爸插嘴道："小屁孩，怎么对这个问题这么好奇呢？我和你妈妈相爱之后结了婚，决定生下一个宝宝，所以你就在妈妈的肚子里了！"

妮妮仍然疑惑地问："我这么大怎么塞得进去呢？"

妈妈笑着说："你一开始只是一个小小的胚胎，然后慢慢有了心跳，接着再慢慢地长大，有了眼睛、鼻子、手和脚……"接着妈妈给妮妮看了胎儿发育的视频。

妮妮惊讶地说："哇，好神奇啊，原来我是这样长大的啊！"

妈妈摸着妮妮的头说："对啊！妈妈怀你的时候可辛苦了，经常呕吐、抽筋和腰酸，还花了好大好大的力气才把你生出来呢！"

"哦，我知道了。妈妈，谢谢你！"妮妮感恩地说。

➡ 小故事·说道理

孩子每天都在成长，在这个过程中，他会不断地认识自己的身体，产生好奇心，于是会问爸爸妈妈："我是从哪里来的？"

面对这样的问题，大多数父母都不知道怎么回答，不是用"垃圾堆捡的""石头缝里蹦出来的"等理由敷衍了事，就是告诉孩子"以后你就知道了"。

其实，这样的处理方式并不妥。若孩子认为他是从马路边捡来的，内心会产生失落感，孩子的安全感也会减弱。

另外，这样的回答也并没有满足孩子的好奇心，反而会让孩子对"我是从哪里来的"越来越感兴趣。因此，性教育越早越好，父母解释得越落落大方，孩子越会把这个问题当成很平常的事。

一般来说，如果孩子问"我是从哪里来的"，父母应以简单易懂的句子，如"你是从妈妈的身体里出来的"来坦然回答，而不要回避，倘若孩子进一步询问，父母再解释，否则不用主动告知。因为回答这个问题不急在一时，孩子问多少就回答多少。

在回答孩子问题的同时，让他知道自己从哪里来的是一方面，另一方面也可以讲一些爸爸妈妈相爱的故事，告诉孩子他的到来让小小的家庭更加幸福和有趣。

小松鼠的一家

毛毛是只非常帅气的松鼠，健硕的身子上披着一身油亮的毛发，常常在松树上跳来跳去，动作很敏捷。

一天，天气晴朗，毛毛又一次来到了松树林里。只见，前方有一只松鼠跳了过来，原来是米米，她长着修长的身子。毛毛看见了，就跑过去和米米一起玩。他们一起在树林里跳来跳去，一起摘松果，玩得很开心，直到天色晚了才回家。

后来，毛毛每天都来松树林找米米玩，渐渐地他们就喜欢上了对方。最后，他们决定在松树林里新建一个家，结婚后共同生活。

当新家建好后，毛毛和米米邀请了树林里的很多动物前来参加。这一天可热闹了，毛毛和米米就这样幸福地走入了新房，开始了他们美好的生活。

后来，毛毛对米米说："我们生个小松鼠宝宝吧，这样我们的生活就会过得更有趣了。"于是不久之后，米米的肚子里就怀上了一只小松鼠。又过了一段时间，可爱的松鼠宝宝就出生了，毛毛和米米给她取名为田田。

自从毛毛和米米有了小宝宝田田之后，他们变得更加相爱了。小松鼠田田为爸爸妈妈带来了许多快乐，他们一家三口在一起幸福地生活着。

通过这个故事，我们可以告诉孩子，他的到来是爸爸妈妈相爱的结果，更给爸爸妈妈带来了无限的快乐，爸爸妈妈会像毛毛和米米一样爱护他，努力让他过上幸福快乐的生活。

教养·小贴士

生命的形成是美丽的，孩子有必要从小就知道它的美丽。作为父母，请不要顾忌成人世界的复杂，从而关闭了孩子探索自然奥秘的大门。尤其是诸如"我是从哪里来的"这样的问题，父母越是讳莫如深，孩子就越想去探索，去发现。3~6岁是孩子能够记住一些事情，又特别相信大人说的话阶段，此时正面灌输性教育，是很有必要的。

帮助孩子正确认识男女性别的差异

在对性别的认识上，许多孩子的表现让父母意外：

妹妹出生后，有一次，磊磊看妹妹洗澡时，很惊讶地问："咦，妹妹为什么没有小鸡鸡。"

未上幼儿园时，女儿去公园玩儿，看到一个男孩子站着撒尿，就跑过去蹲在那里盯着人家的小鸡鸡看，把旁边带孩子的妈妈逗笑了。后来，她也学人家站着尿尿，结果裤子全湿了……

去商场买衣服时，杰杰总是对我说："不要选红颜色的衣服，因为那是女孩子喜欢的颜色，而我是男孩子，我不穿花衣服。"

游乐园里，儿子要尿尿，我急急忙忙带他到厕所，准备进女厕，儿子说："我是男孩，这里画着小女孩，我不能进这里。"没办法，我只好带他去男厕，刚要进去，儿子推我于门外说："你是女士，不能进男厕。"我只好站在门口等着他出来。

……

3~6岁是孩子发育的黄金时期，同时还是孩子性别角色发展和性别意识形成的重要时期。性别教育不仅关系到孩子的健全人格，还关系到孩子日后正常的社会交往、恋爱、婚姻、家庭生活，还会影响其心理发展。

一般来说，3岁前，孩子对性别的认识是模糊的，而且还不明白人的性别是不会改变的。此时，应告诉孩子男生女生的特点，让他们直观地了解男女的区别。3岁的孩子已经明确知道了自己的性别，并开始对周围的人有了男女的分类，但是这个阶段的孩子对于性别的持久不变性还不能理解得十分清楚。

4岁的孩子已经有了基本的性别角色印象，并且在日常生活中，如在穿着打扮、兴趣爱好及平时的言行举止中愿意表现出与自我性别认同相一致的行为特征，这种男孩女孩的分化在5岁以后会变得更加明显。6岁左右的孩子已经清楚地知道自己的性别不会因为服饰、年龄的变化而变化，并开始客观认识和理解男女性别上的差异。

因此，父母应该根据上述年龄特征，结合孩子的日常生活习惯、性格特点等实际情况，在孩子能理解的范围内有意识地对其进行性别教育。那么，对于幼小的孩子如何灌输性别知识呢？

1. 改变观念，正面教育

由于受传统观念的影响，性教育在很多父母眼中是难以启齿的事情。其实，父母越隐晦不讲，孩子越感兴趣。作为父母，不妨根除这些条条框框，开放自己的思想，把性别教育当作一件平常事来看待，这样才有利于孩子的健康发展。

2. 借故事灌输性别知识

对孩子的性别教育不知所措的父母，可以借用故事来告诉孩子。现在有越来越多这方面的绘本故事，像《小鸡鸡的故事》《摸摸看，人的身体》等都能够让孩子了解自己的身体，父母不妨多与孩子分享这样的故事。

此外，性别教育不仅仅局限于让孩子认识性别的差异，而且应该包括更广泛而深刻的内涵。比如，培养男孩的绅士风度和男子汉气概，多一些对他人的呵护与谦让，让其具有刚毅、坚定、勇于担当责任等品质；培养女孩的淑女风范，让其具有自尊自爱、温柔亲切、沉静优雅、善解人意等品格。如果父母能够在家庭中展现出各自的性别优势，相互支持，共同承担家庭责任，就能给孩子起到榜样作用。

孩子对世界的任何事物都感到好奇，当然也包括性。因此，他们会开始观察自己的身体，甚至有些孩子还会玩弄生殖器，以此体验和学习。父母不必用严厉的态度来看待孩子的这种行为，反而可借此告诉孩子身体的某些部位是不能随便乱摸的，也不能让人摸，并让孩子知道有关"性"的问题是可以被提出讨论的。

面对欺凌，让孩子勇敢说"不"

　　小超刚升入一年级，放学后，他走在回家的路上，这时路边几个高年级的学生上下打量着他，发现他是"新面孔"，便走过去要他交保护费。

　　小超听到后，心头一震，很紧张地说："我身上没钱。"

　　听到小超的回答，其中一位学生恶狠狠地瞪着他说："没钱？好！那你想办法明天带100块钱过来，要是你敢跟任何人说，就揍死你！"

　　回到家，小超还处在惊恐之中，连饭也吃不下。爸爸妈妈觉得奇怪，便问他："怎么了，你有什么心事吗？"小超想起高年级学生说的话，便推说："没啥事，就是没什么胃口。"

　　妈妈看见儿子沉重的脸色，接着问道："小超，是不是刚进入新的环境不适应，还是有人欺负你呢？有什么尽管说，有爸爸妈妈在呢？"

　　听到妈妈的关心，小超再也忍不住了，便哭着说："今天我走在回家的路上，有人向我要钱，说明天给他们带去，不然就要挨揍。"

爸爸安抚道："小超，不要害怕，明天我陪你去学校。记得以后遇到这种事一定要跟我们和老师说，千万不要自己一个人面对，知道吗？"

有了爸爸的呵护，小超这才放心地说："嗯！爸爸，我知道了。"

➡ **小故事·说道理**

欺凌作为校园暴力的一种表现形式，对孩子的身心健康会造成严重的负面影响。

时下，孩子被欺凌的行为时有发生，让父母头疼不已，他们不知道为什么孩子被欺凌却不反抗。其实，这与父母自身的教育息息相关，比如当父母不接纳孩子时，孩子学会了自卑；当父母习以为常地打骂孩子时，孩子学会了忍受屈辱；当父母包办代替时，孩子学会了逃避……这些都会在一定程度上让孩子在面对欺凌时选择忍受。

可见，要想解决孩子被欺凌的问题，父母首先要改变自己的教育方式，并在日常生活中，给孩子讲一些有关处理欺凌的故事给孩子听。下面就让我们来讲一篇摘自《宝贝，危险！》丛书《校园安全护照》分册中的故事——校园恐吓。

校园恐吓

下课的时候，一群同学围在走廊上大声地吆喝着："加油！加油！凯罗加油！"另一方人马也不甘示弱："杰森加油！"双方各自为自己的朋友加油打气。

原来是杰森向"小霸王"凯罗挑战，两人在比赛摔跤。

这时，一群高年级的同学走过来。这群人每个都服装不整，还故意解开胸部的扣子露出胸肌，头发也染成五颜六色，看起来像是有行为偏差的学生。

杰森被小霸王一推，正好撞上这一群人。喧闹的走廊突然变得静悄悄。

"对……对不起！"杰森结结巴巴地道歉。

"说得轻巧，对不起就算了吗？"被撞到的那个人凶巴巴地说。

这群人把杰森团团围住，每个人都冷冷地瞪着他。杰森知道自己要倒霉了。

突然，其中一个坏学生一把揪住杰森的衣领，恶狠狠地说："你要赔偿我们！"

"为什么要赔偿你们？你们又没有受伤，而且我也向你们道歉了。"杰森小声地抗议。

"你撞疼了我们大哥，当然要赔偿！"旁边的一个跟班对着杰森大声吼道。

"你要赔100元给我们！"又有一个人起哄道。

"100元！我……我哪有那么多钱！"杰森颤抖着声音说。

这时，小霸王凯罗毫不畏惧坏学生人多势众，跳出来打抱不平。"你们这是要勒索吗？"接着凯罗对杰森说，"别理他们，我们走。"

突然，那个带头的坏学生冲出来，用力打了小霸王一拳。小霸王被打倒在地上。

同学们都被这突如其来的变故吓了一大跳，一时间走廊上鸦雀无声。

坏学生在杰森和凯罗身上搜了一遍，骂道："穷鬼！把他们两个带到厕所去。"

站在一旁围观的珍妮听到这句话，转头低声对小约翰说："到了厕所，他们两个可能会被打一顿呢！"

"他们会被打？那我们快去报告老师！"说完，小约翰就赶快往教师的办公室跑去。

此时，坏学生们强拉着凯罗和杰森往厕所走去。同学们看到他们的霸行都不敢出声，因为害怕被打，所以纷纷躲进教室。

珍妮看情形不对，灵机一动，突然大叫一声："老师来了！"

坏学生听到大家都在喊"老师来了"，一时都愣住了。

"快跑！"他们中的老大突然清醒过来，随后丢下凯罗和杰森拔腿就跑。

不一会儿，小约翰带着老师跑过来。老师扶起杰森关心地问道："杰森，你有没有受伤？"

杰森还有些惊魂未定，老师又问了一遍他才回答："没……没……没有。"

珍妮看到老师来了，赶紧把刚才的情形向老师报告。老师听完后问大家："你们还记得那些坏学生的样子吗？"

同学们纷纷摇头。

只有尼克举手，于是老师将尼克的描述一一写下来，然后，把同学们都叫进教室。

老师站在讲台上说："遇到刚才发生的事，大部分的同学都吓得不知道该怎么办，只有眼看着高年级的坏学生欺侮我们的同学，但有三个同学表现得很好，他们是小约翰、珍妮和尼克。"

小约翰、珍妮和尼克听到老师夸奖自己，还有点不好意思。

老师接着说："小约翰及时来向老师报告，尼克在混乱中还能冷静地记住坏学生的名牌号码和外形特征，珍妮则适时大喊'老师来了'，吓跑了坏学生，避免同学被欺侮，他们都做得很好。"

老师接着又说:"凯罗虽然表现出见义勇为的精神,但这样做会激怒对方,让他们使用更暴力的方法来对付你们。如此一来,你们受到的伤害将更为严重。"

老师停顿了一下又补充说:"凯罗,你的勇气值得夸奖,但是方法要改进。"

凯罗听到老师的称赞好不得意。

老师接着问同学们:"如果你被高年级的坏学生恐吓勒索,会怎么做呢?"

珍妮举手发言说:"把身上的钱都给他们,这样就不会挨打了。"

老师点点头:"珍妮只说对了一半。把钱给他们,虽然能降低身体受到伤害的概率,但是从此以后,就会被当作胆小鬼,坏学生可能还会再来欺负你,所以光这样做还不够,最重要的是能像尼克一样,记住他们的特征,赶快报告教师或者回家跟父母说,也可以就近到派出所去报案,这样才能将坏人绳之以法,保护好自己。"

同学们听后,都异口同声地说:"对,要将坏蛋抓起来!"

这个故事,告诉了我们如何去应对被欺凌、勒索的处理方法。其实,作为父母,我们还可以指导孩子掌握以下一些面对欺凌的方法。

◎在学校时,不要去挑逗比较霸道和强悍的同伴,要与这样的人保持一定的距离。

◎上下学和活动时尽可能结伴而行，独自出去找同学玩儿时，不要走僻静、人少的地方；放学不要在路上贪玩儿，要按时回家，因为天黑了，更容易有不安全的意外出现。

◎遇到欺凌的时候不要惊慌，尽量不激怒对方，采取拖延时间的策略，争取机会逃脱。

◎当自己和对方的力量悬殊时，要认识到自己有保护自己的能力，通过有策略的谈话或借助环境来使自己摆脱困境。

◎遇到被欺负的事情，一定要及时告诉父母或老师，不要在忍气吞声中一个人默默承担，这样难以解决问题，身体和心理只会受到越来越严重的伤害。

教养小贴士

　　如果孩子被欺凌的事件比较严重，孩子的情绪和心理受到明显的影响，父母自己无法安慰和帮助孩子，这时就需要及时寻求专业心理咨询师的干预和指导。这里的心理指导包括受到校园欺凌的孩子以及欺凌别人的孩子。如果欺凌事件是比较严重的侵害人身安全的事件，必要时父母还应该启动法律程序维护孩子的安全。

时刻保持警醒，谨防他人的"魔爪"

➡️ 生活小场景

金莉是一个大班的女孩子，长得既可爱又漂亮。

有一天，她一个人独自在小区里玩儿。这时，一位比他大的哥哥笑吟吟地走过来跟她玩儿，不仅给她糖果吃，还一起扮演爸爸和妈妈的游戏。金莉很高兴，没想到大哥哥不但拉着金莉的手，还亲吻她的脸颊。金莉很害怕，所以很快躲开，大哥哥却说："不要害怕，你没见过你爸爸妈妈都是这样啊。"

接着，大哥哥又试图在金莉身上摸来摸去，金莉不肯，大哥哥便威胁："你这么不乖，我不跟你玩儿了，还要打电话告诉你们老师。"金莉开始大喊起来……

就在此时，妈妈的声音出现了，大哥哥一听到妈妈的声音马上就跑了。受惊吓的金莉哭着跑向妈妈，并说了刚才发生的事。妈妈既生气又心疼地抱着金莉说："没事了，没事了。"

等金莉情绪缓和后，妈妈跟她说："以后遇到这种事，千万不要害怕，要大声尖叫，跑到人多的地方去求救，这样他一定会害怕跑走的，知道吗？"

金莉点了点头。

回到家后，妈妈一直安抚女儿的情绪，并跟她说了很多关于保护自己身体的方法。

➡ 小故事·说道理

近几年来，随着网络媒体的发达，幼儿遭遇猥亵等性骚扰的事件屡屡曝光。每每看到这些报道，任何一个父母都是揪心的。在痛斥这些不良行径的同时，如何才能保护无辜的幼儿不受到伤害？为了使幼儿能健康快乐地成长，"防性侵"应该成为幼儿阶段最为重要的课程之一。作为父母，我们可以从以下几个方面引导孩子：

首先，父母从小就教导孩子男女身体的差异，并让他们懂得保护自己，告诉他们自己才是身体的主人，别人不能随意碰触。我们可以给孩子讲一些故事，或者改编一些故事，来让孩子明白这样的道理：

比如新编《白雪公主》的故事可以这样讲：

白雪公主

白雪公主深知男女有别，虽然跟七个小矮人是好朋友，但每次洗澡和换衣服时，她都会关好门窗，而且每晚都会回自己的房间睡觉……

白雪公主并没有真的吃下巫婆给的毒苹果。她趁巫婆不注意，偷偷换了一个好苹果，然后假装中毒。因为她知道，不能吃陌生人给的食物，否则自己就会有危险。而且当时小矮人不在家，如果直接揭穿巫婆的诡计，她可能会受到伤害……

又如改编《豌豆公主》的童话：

豌豆公主

王子在得知豌豆姑娘是真正的公主之后，高兴地送了一条项链给她，并邀请公主当晚留宿在自己的房间里。公主果断地拒绝，并且告诉王子："真正的公主在婚礼之前，是不会跟男子住在同一个房间的，也不会随便接受别人的礼物。你的做法不像是一位真正的王子，所以我不会与你结婚。"

后来王子意识到了自己的错误，再三向公主道歉，并且保证在结婚之前一定不会冒犯公主，豌豆公主这才原谅了他……

这样的改编故事，能够让孩子懂得保护自己，并逐步建立起孩子的人身安全意识。

其次，要引导孩子分辨何谓善意的碰触，比如母亲帮孩子洗澡、医生检查生病的部位（父母应陪同）、父母因关心抱抱孩子等。除此之外，令孩子感到不舒服的碰触，都可能是侵犯身体的行为。

另外，要告诉孩子，在遇到坏人时，可以采取以下这些应对方法：

1. 勇敢反击，大喊求救

面对坏人的行为，教导孩子不要害怕，要大声地对对方说："你想干什么"，"把你的手拿开"，并责令对方立即停止，如果对方不听就要反抗，并大声呼救。

2. 趁机跑开，并报警

在遇到坏人的时候，要学会保持冷静，并找机会跑开，跑到人多的地方寻求他人的帮助，甚至可以拨打"110"报警寻求帮助。

总之，防性侵教育必须从幼儿抓起，但是由于幼儿的年龄特征，要对幼儿做好防性侵的教育并不是一件容易的事情，父母在对幼儿进行防性侵教育时，必须找到适合幼儿的方式，引导不能过于隐晦，也不要过于直接，让孩子在平常心态下认识到问题的重要性。

教养小贴士

如果孩子不幸遭到他人的猥亵，父母应求助专业医师的心理辅导，不应责怪孩子不懂得保护自己，也不应在孩子面前互相推卸责任，这些都会让孩子认为是自己的错而形成二次创伤。此时，最重要的是修补孩子受伤的心，帮助他们恢复信心，走出阴霾，重建他们对自己、对别人的信赖。

告别青涩，让孩子时刻保持纯真

➡ 生活小场景

场景一：

彤彤有一个很和谐的家，一家人每天都会在餐桌上一起吃晚餐。在这个时间里，一家人都会互相分享白天发生的事情。

一天晚上，大家开心地吃着饭聊着天。突然，彤彤语出惊人地说："妈妈，我喜欢我们班的小杰，我打算和他结婚。"

爸爸妈妈一听这话，差点把饭喷出来。爸爸问："结婚？你知道什么叫结婚吗？"

彤彤笑着回答："我知道啊！就是手牵着手一起走进礼堂啊！"

妈妈听了大笑说："哈哈，你这是从电视上看的吧，结婚哪有这么简单啊！两个人相爱之后才能结婚。"

彤彤回答："我知道啦，小杰是我的好朋友，所以我爱他啊！"

妈妈笑着说："人的一生会有许多好朋友，就像你和小杰一样相互喜欢要好好珍惜，但是爱和喜欢是不一样的，爱比喜欢更深一层，你和小杰之间的单纯关系仅仅是喜欢。"

彤彤点了点头，似乎明白了。

场景二：

婷婷刚满6岁，在一所小学上一年级。

周末，婷婷放学回家，突然对妈妈说："我喜欢上了班上的一名男同学。"

妈妈问婷婷为什么喜欢那名男生。婷婷毫不避讳地说："他长得太帅了，而且还很有正义感，经常帮同学忙，所以不知不觉地喜欢上了这名男生。"

婷婷还说，有时宁愿冒着迟到的风险，就是为了等她喜欢的那名男同学一起上学。她甚至要求妈妈找老师做工作，想换座位和那名男生坐在一起。

妈妈听了婷婷的话，头都大了，难道孩子就这样早恋了？

➡ 小故事·说道理

如今，随着信息化的发展，孩子越来越早熟。许多孩子在三四岁时，就会开始与异性出现友谊，甚至有些孩子还会说自己有男（女）朋友，但父母通常对此都一笑置之。其实，这样的态度是不正确的，因为如果不在早期就给予孩子正确的观念，极容易导致早恋的问题出现。

事实上，当孩子说出"我喜欢某某某""我想要和某某某结婚"的话语时，便意味着他们听大人说过这种话，是在模仿大人，但孩子之间的这种感情只是单纯的友谊。同时也意味着他们开始想与另一个孩子建立好朋友的关系。

当孩子步入小学阶段，孩子的生理和心理进一步发展与完善，这个阶段是一个个体的儿童模式被打破，而成人模式又没有完全建立起来的特殊年龄阶段。孩子开始不满足于对异性朦胧、隐蔽的好感，开始有意识地选择自己倾心的异性朋友，并希望能与之长时间相伴。其实这是十分正常的现象，是孩子性心理成熟的必然结果。

如果父母对这种情况不管不问，或者给孩子扣上"早恋"的帽子，就会严重影响孩子的身心健康。因此，正确预防和处理孩子这种朦胧的爱，成了父母必须重视的一项重要任务。

具体来说，可以从以下几个方面加以引导。

1. 分清内在动因

对于孩子的"早恋"，首先要分清孩子喜欢对方的内在动因是什么。父母应该告诉孩子认识到"两人相互喜爱，什么是可以做的，什么是不可以做的"，这一点对女孩子非常重要，因为女孩子应该学会保护自己。

2. 正确区分，认真对待

父母要正确区分孩子的异性交往，不能将所有正常的异性交往都看作"早恋"，不要随意进行猜测，更不能无中生有，否则会给孩子的心理带来更大的伤害。

3. 宜疏导不宜粗暴干涉

当孩子之间发生彼此爱慕的情况时，父母要多和孩子沟通商量，注意保护孩子的"隐私"，根据实际情况加以引导和帮助。切忌粗暴干预，更不能武断干涉，否则极易引起难以预料的后果。

4. 正面引导，借故事进行心理疏导

对于真有"早恋"倾向的孩子，进行正面教育是最主要的，要告诉孩子这样做会造成严重的后果，让他们重新回归到纯洁的友谊中来，而不是硬性地束缚和粗暴地干涉。甚至可以给孩子讲一些凄美的爱情故事来告诫孩子，任何事情都会有不好的结果，尤其是在不合适的时间谈感情。

伤心的牧羊姑娘

很久很久以前，有一位牧羊姑娘，她住在山脚下的木屋里，这里有绿油油的草原，开满各色的野花。她快乐地放羊，黑色的牧羊犬在草地上跑来跑去，洁白的羊儿低着头吃

青草，咩咩地叫着。牧羊姑娘每天看看羊儿们，它们陪着她在草地上玩耍，过着快乐的生活。

山的另一边住着王子，王子不知道什么时候到了牧羊姑娘的小木屋，牧羊姑娘正抱着她的羊儿回家，看到了他。牧羊姑娘好奇地看着他，并邀请王子和她一起牧羊，一起在草地上嬉戏，一起看天边的白云。

王子坐在石头上，弹着他的风琴唱着歌，牧羊姑娘听得很陶醉，哈哈大笑着躺在草地上，就这样，她和王子快乐地过着每一天。

可是，这样的日子很快就要结束了——王子要回家了。王子要走了，牧羊姑娘变得不开心，他为什么不带她一起走呢？王子说，牧羊姑娘适应不了他的生活，她缺少身份、地位、财富、气质。最后，王子还是走了。

从此，王子杳无音信，牧羊姑娘只好一个人伤心。她再也没有心情去看天边的白云了，也没心情挥着鞭子驱赶羊儿了，只是让它们在草地上徘徊，一直跟在她身边的牧羊犬也不知道跑哪儿去了。总之，以前的快乐全没了。

两个人彼此喜欢，在一起会很快乐，但分开时会很伤心，就像王子和牧羊姑娘那样。我们可以借故事告诉孩子，即便如今和喜欢的人在一起，毕业时也会分开的。保持纯真的友谊才是学习阶段最好的相处方式。

教养·小贴士

很多父母担心，太早让孩子了解性知识，孩子会更容易出现问题。其实，知识只是知识。从统计资料看，那些出现问题的孩子，往往是因为缺乏知识，或者教育方式出现了问题。心理学研究也发现，如果父母尽早让孩子懂得科学的性生理和心理学知识，他们对不良性知识便有了更强的免疫力。

爱孩子，请别忘了给他讲讲故事！

　　爱是教育成功的原动力，是教育的根本。父母把一生的爱给予了孩子，为的是让孩子养成良好的行为习惯，铸就孩子的优秀品质，给孩子的一生发展打下良好的基础。孩子的不良习惯改变多少，优秀品质培养多少，他们未来的事业就会成就多少。

　　我们常说，家庭是孩子的第一所学校，父母是孩子的第一任老师。的确，就像美国诗人爱默生所说："家庭是父亲的王国，母亲的世界，儿童的乐园。"只有在充满爱的家庭中，在父母的精心养育下，孩子才会有安全感，才会幸福快乐、健康成长。

　　如何才能更好地养育孩子呢？可供我们选择的方法有很多，本书着重讲的是故事教养法。也就是通过讲故事告诉孩子一些道理，引导孩子的行为，让孩子在故事中得到熏陶，培养孩子各方面的能力。

本书的故事主要针对3~6岁的孩子，内容生动有趣，又蕴含一定的教育意义。在编写的过程中，不仅精选了一些经典的故事，还自编了部分故事。用一个个积极向上的儿童小故事描绘了童真童趣。

我们知道，当下儿童绘本故事越来越受到追捧，因为孩子喜欢故事。本书与此不同的是，我们的内容更适合妈妈们学习，在本书中能够看到孩子的常见问题，还能够获得这些问题的解决方法，更重要的是书中的故事很适合讲给孩子听。

如果您想养育出优秀的孩子，且在养育孩子的过程中遇到了诸多问题。那么，相信您读完本书一定会有所收获！我们衷心地希望您不要停下脚步，爱孩子，请继续用故事陪伴他成长！